TOEIC · OPIC 수험생 · 대학생
외국계 회사원 · 공무원 · 직장인 필독서!

알고보면
네이티브는
이렇게
말한다!

CHRIS SUH

MENT⊕RS

New SMART 알고보면
네이티브는 이렇게 말한다!

2024년 10월 21일 인쇄
2024년 10월 28일 발행

지 은 이 Chris Suh
발 행 인 Chris Suh
발 행 처 **MENT⊙RS**
경기도 성남시 분당구 분당로 53번길 12 313-1
TEL 031-604-0025 FAX 031-696-5221
mentors.co.kr
blog.naver.com/mentorsbook
* Play 스토어 및 App 스토어에서 '멘토스북' 검색해 어플다운받기!
등록일자 2005년 7월 27일
등록번호 제 2009-000027호
I S B N 979-11-989667-2-8 (13740)
가   격 25,000원(MP3 무료다운로드)

인사만 할 줄 알아서야~

네이티브가 쉬운 영어로 말한다는 사실은 누구나 다 아는 사실이다. 그럼에도 아직도 우리는 인사 몇 마디하고는 할 말이 없어서 아니 할 말은 있는데 어떻게 말하는지 몰라 이학원 저학원 이책 저책 순례만 하고 있다. 연관성 없는 영어문장들만 외워서는 영어로 자기를 표현하거나 자기 의견을 말하거나 아니면 어떤 정보를 전달하지 못한다.

온 몸으로 영어에 젖어봐야~

이런 점에 착안하여 실전영어의 대명사, 멘토스는 새롭고 과감한 시도를 해본다. 사진을 보고 이를 묘사하거나 자기 의견을 말해보는 연습을 집중적으로 해보는 것이다. 물고기 몇 마리를 잡아주는 대신에 아예 물고기들이 활개치고 있는 어장으로 여러분을 밀어넣는 것이다. 손끝에 물만 묻히는 대신 온 몸으로 영어에 젖어보라는 뜻이다.

총 400 여개의 사진을 영어로 말해봐~

이책 〈알고 보면 네이티브는 이렇게 말한다!〉는 "아직도 인사만 하십니까? 이젠 말을 하셔야죠"에 대한 해답을 제시해주는 획기적인 교재이다. 총 400 여개의 사진을 제시하고 이에 대해 어떻게 영어로 말을 하는지를 그리고 주로 어떤 표현들을 쓰는지를 안내하고 있다. Section 01에서는 한 직장인이 일어나서 출근해 일하고 퇴근할 때까지의 모습들을, 그리고 Section 02에서는 인터넷, 취미, 운동, 건강, 파티, 결혼 등 다양한 일상의 모습들에 대해 말하는 연습을 해본다. 다음 Section 03에서는 주요 토픽에 대한 자기 의견을 피력하고 우리나라의 이모저모를 영어로 말하는 훈련을 강행한다.

기적은 소리없이 다가와~

이런 시도는 TOEIC이나 OPIC 등의 시험에서 출제되는 것을 봐도 얼마나 효율적인 영어학습인지 또한 진정한 영어실력을 가늠하는 척도인지를 알 수 있다. 기적은 단기간에 이루어지지 않는다. 단지 희망사항일 뿐이다. 요행을 바라지 않고 과도한 욕심을 부리지도 않고 차근차근 영어공부를 지속적으로 한다면 여러분에게 기적은 소리없이 다가올 것이다.

이 책의 특징

1. 총 400여개의 사진을 상황별로 수록하였다.

2. 각 사진에는 어떻게 영어로 말해야 하는지 모범정답이 나와 있다.

3. 사진에 대한 정보를 영어로 말할 뿐 아니라 주요 토픽에 대한 자신의 의견을 말하는 법도 배울 수 있다.

4. 각 영문에서 가장 많이 자주 쓰이는 표현들을 따로 모아 예문과 함께 수록하였다.

5. 네이티브의 생생한 원음이 함께 수록되어서 학습효과를 배가시킬 수 있다.

이 책의 구성

1. 사진들은 Section 01, 02, 03의 분류 하에 수록되었다.

2. Section 01은 Getting Up이라는 제목 하에 비즈니스 맨이 아침에 일어나 자기까지 상황별로 정리되어있다.

3. Section 02는 Everyday Life라는 큰 제목 하에 인터넷, 차량, 쇼핑, 여행, 남녀관계, 감정표현, 기상 등을 포함하는 총 8개의 Chapter로 구성되어 있다.

4. Section 03에는 주요 토픽에 대해 자신의 생각을 표현하는 법, 그리고 외국인에게 우리나라의 이모저모를 설명하는 법을 학습할 수 있다.

이 책의 사용법

TIP
이 책를 영양가있게 찰지게 보는 비법!

1. 사진을 볼 때 아래의 영어를 보고 싶은 충동을 꽉꽉 짓누르고 참는다.
2. 사진을 볼 때 아래의 영어를 빈 종이로 가리고 그 종이에 사진을 영어로 써본다.
3. 단 몇 단어도 좋으니 단물짠물 머리에서 짜내 적어보는 기특한 노력을 해본다.
4. 이제 종이를 걷어내고 책에 있는 영어로 되어 있는 사진설명을 정독한다.
5. 그리고 자신이 적은 내용과 비교해가면서 자기 영어실력의 발전을 꾀한다.

Section 및 Chapter 그리고 사진넘버링
현재 보고 있는 사진이 어느 Section의 어느 Chapter인지를 말해준다.

사진
영어로 묘사하거나 설명할 사진의 내용이다.

SECTION CHAPTER 02-01-21

My favorite thing to do is read books. I find it to be very relaxing. Right now I am sitting in my bed, reading a short romance novel about a couple who lived a hundred years ago. Soon this reading will make me sleepy, and I will lie down for a nap.

내가 가장 좋아하는 것은 책을 읽는 것이다. 책을 읽으면 마음의 긴장이 많이 풀어진다. 지금 난 침대에 앉아서 백년 전에 살았던 부부에 관한 로맨틱 단편 소설을 읽고 있다. 책을 읽는 난 곧 졸음이 올 것이고 난 누워서 낮잠을 잘 것이다.

Words & Phrases
- **My favorite thing to do is+V** 내가 가장 좋아하는 것은 ~하는 것이다
  My favorite thing to do is binge watch new shows.
  내가 좋아하는 일은 새로운 프로그램들을 섭렵이 보는 것이다.
- **I found it to+V** ~가 ~하다고 생각하다
  I found it to be an interesting discussion.
  난 그게 흥미로운 토의였다고 생각했다.
- **lie down for a nap** 낮잠 자기 위해서 눕다
  Grandma was tired and decided to lie down for a nap.
  할머니는 피곤해서 낮잠 자기 위해 눕기로 하셨다.

72 (80년대는 이렇게 말한다)

SECTION CHAPTER 02-02-02

The family looks very excited. They are standing together with their arms raised. They are in a car dealership, looking at new cars to buy. It looks like they have found a car they think is good. Now they will have to find a salesman and make a deal to buy it.

가족은 매우 기분 좋아 보인다. 그들은 두 팔을 올린 채로 함께 서 있다. 그들은 자동차 대리점에 있으며 새로 살 자동차를 바라보고 있다. 그들은 이상에 드는 차를 발견한 것 같다. 그들은 이제 영업자를 찾아서 구매흥정을 해야 될 것이다.

Words & Phrases
- **It looks like S+V** ~하는 것 같다
  It looks like you are feeling good today.
  너 오늘 기분 좋아 보여
- **will have to+V** ~해야 할 것이다
  You will have to run for 30 minutes.
  넌 30분간 달려야 돼.
- **make a deal to+V** ~하는 거래를 하다, ~하기로 거래하다
  Let's make a deal never to fight over it again.
  다시는 그 문제로 싸우지 않기로 하자.

SECTION 02 > CHAPTER 02 91

영문지문
사진에 대한 묘사 혹은 사진관련내용에 대한 자신의 의견을 말해보는 공간이다.

우리말
영문지문에 대한 우리말 설명.

Words & Phrases
영문에서 노란 형광색으로 칠해진 자주 쓰이는 표현들을 예문과 함께 정리하였다.

CONTENTS

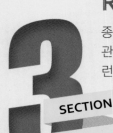

1

SECTION

Getting Up

일어나서 자기까지

It is early in the morning. The man is still sleeping in his bed. His wife is awake and sitting on the side of the bed. She is trying to wake her husband up. They must go to the kitchen and eat breakfast because soon it will be time to go to work.

이른 아침이다. 남자는 침대에서 아직 자고 있다. 그의 아내는 깨어나 침대 가에 앉아 있다. 그녀는 남편을 깨우려 하고 있다. 그들은 부엌으로 가서 아침을 먹을 것이다. 왜냐하면 출근할 시간이 곧 되기 때문이다.

Words & Phrases

- **be trying to+V** …하려고 하다
  I'm just trying to help you.
  도와주려는 것뿐예요.

- **wake sb up** …을 깨우다
  Just remember to wake us up before you go.
  잊지 말고 너 가기 전에 우리 깨워.

- **go to work** 출근하다
  I feel terrible today, so I can't go to work.
  난 몸이 안좋아 회사에 출근 못해.

The man is sitting in his bed. He looks like he just woke up after sleeping in. He is looking at his alarm clock. The clock says that it is a little after seven a.m. The man is kind of upset. He is going to have to hurry or else he will be late to work today.

남자는 침대에 앉아 있다. 그는 늦잠을 자고 방금 일어난 것 같아 보인다. 자명종 시계를 쳐다보고 시계는 오전 7시가 좀 넘어가고 있음을 보여주고 있다. 그는 좀 화가 났다. 서두르지 않으면 오늘 직장출근하는데 지각을 할 것이다.

Words & Phrases

- ## Looks like S+V …인 것 같다
  Looks like summer is finally here!
  드디어 여름이 온 것 같군!

- ## sleep in 늦잠자다
  I want to sleep in this morning.
  난 오늘 아침 좀 늦잠자고 싶어.

- ## kind of 약간, 좀
  Don't you think it's kind of selfish?
  좀 이기적인 것 같지 않니?

The woman just woke up. She still <mark>feels tired</mark> after sleeping all night. Her eyes are closed and she is stretching her arms above her head. She needs to get out of bed and <mark>get dressed</mark> so she can <mark>get prepared to</mark> go to work.

여성은 방금 일어났다. 밤새 잔 후라 아직 피곤함을 느낀다. 그녀는 눈을 감고 있고 팔을 머리 위로 뻗어 스트레칭을 하고 있다. 그녀는 출근 준비를 하기 위해서 침대에서 일어나 옷을 입어야 한다.

Words & Phrases

- **feel tired** 피곤하다
  Go rest if you feel tired.
  피곤하면 가서 쉬어라.

- **get dressed** 옷을 입다 (↔ get undressed)
  How long does it take to get dressed?
  옷을 입는데 얼마나 걸려?

- **get prepared to+V** …할 준비를 하다
  You're going to have a baby, and you need to get prepared.
  넌 애를 낳을거니까 준비해두어야 돼.

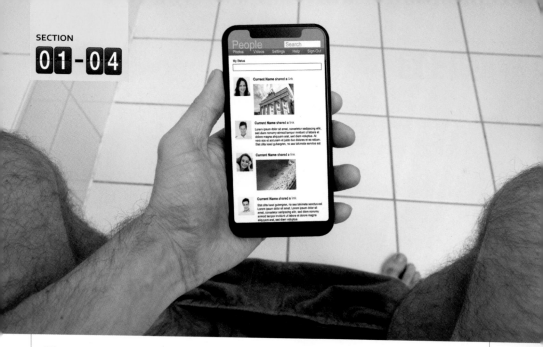

The man is in his bathroom in the morning, and he is sitting on a toilet. He is trying to do number 2. He is getting bored, so he is using his smartphone to browse the Internet. When he finishes, he will take a shower and get dressed.

남자는 아침에 화장실에 있고 변기에 앉아 있다. 그는 대변을 보려고 하고 있다. 그는 지겨워져서 스마트폰을 이용해서 인터넷을 둘러보고 있다. 마치고 나면 그는 샤워를 하고 옷을 입을 것이다.

Words & Phrases

- **do number 2** 대변보다
  He uses a private bathroom to do number 2.
  걘 대변을 보기위해서 개인 화장실을 이용해.

- **get bored** 지겨워지다
  I got bored and wanted to do something.
  지루해서 뭔가 하고 싶었거든.

- **browse the Internet** 인터넷 서핑하다
  I've wasted too many hours browsing the Internet.
  난 인터넷 둘러보는데 너무 시간을 소비했어.

SECTION 01-05

The man is in the bathroom, and he is taking a shower. He wants to feel fresh and clean as he begins his day. When he finishes washing up, he will get dressed and eat breakfast. Soon he will leave his apartment and drive to work.

남자는 화장실에서 샤워를 하고 있다. 그는 하루를 시작하기 때문에 기분이 좋고 상쾌해지기를 원한다. 다 씻고 나면 옷을 입고 아침을 먹을 것이다. 곧 그는 아파트를 나서서 차를 몰고 출근할 것이다.

Words & Phrases

- **take a shower** 샤워를 하다
  It's been three days since I took a shower.
  내가 샤워한지가 3일이 지났어

- **finish ~ing** …을 마치다
  Let me help you finish washing the dishes.
  내가 설거지 도와줄게.

- **drive to work** 차로 출근하다 (= drive to get to work)
  How long do you drive to get to work?
  차로 출근하는데 얼마나 걸려?

The woman is looking in a mirror and brushing her teeth. She wants to make sure she doesn't get cavities. She does this every morning when she wakes up. After she finishes brushing her teeth she is going to wash her face and brush her hair.

여자는 거울을 쳐다보며 양치질을 하고 있다. 그녀는 충치가 생기지 않도록 확실히 하고 싶어 한다. 그녀는 매일 아침 일어나면 양치질을 한다. 양치질을 다 하고 하면 그녀는 세수를 하고 머리를 빗을 것이다.

Words & Phrases

- **brush one's teeth** 양치질을 하다 (wash one's face 세수하다)
  It's all right not to brush your teeth tonight.
  오늘밤 양치질을 하지 않아도 돼.

- **want to make sure S+V**
  I just wanted to make sure you got home safe.
  단지 네가 집에 무사히 왔는지 확인하고 싶었어.

- **brush one's hair** 머리를 빗다 (fix one's hair 머리를 손질하다)
  Cindy is fixing her hair in her room.
  신디는 자기 방에서 머리를 매만지고 있어.

The family is sitting together at a table. The mother is pouring coffee into her mug. The father is pouring cream into his coffee. The little girl is watching her parents. They are having breakfast together before the mother and father must go to work.

가족이 식탁에 함께 앉아 있다. 엄마는 커피를 자신의 머그잔에 따르고 있다. 아빠는 자신의 커피에 크림을 따르고 있다. 어린 소녀는 부모님을 쳐다보고 있다. 그들은 엄마 아빠가 출근하러 가기 전에 함께 아침을 먹고 있다.

Words & Phrases

- **sit together at a table** 테이블에 함께 앉아 있다
  We sit together at a table to eat lunch after Sunday church service.
  일요일 예배 후에 점심먹기 위해 테이블에 함께 앉았어.

- **pour sth into~** …에 …을 따르다 (pour sb a drink 술한잔 따라주다)
  I'm going to pour you a drink now.
  지금 술 한잔 따라줄게.

- **have breakfast** 아침먹다 (have lunch 점심먹다, have dinner 저녁먹다)
  Why can't I have breakfast with you every day?
  난 왜 너와 매일 아침식사를 할 수 없어?

The woman is looking at the clothes that are hanging in her closet. She is going to leave her apartment soon in order to work at her job. She needs to choose what she is going to wear today. She wants to look nice when she sees her co-workers.

여자는 옷장에 걸려 있는 옷들을 바라다보고 있다. 그녀는 직장에서 일을 하기 위해 곧 아파트를 나설 것이다. 그녀는 오늘 무엇을 입을 것인지 선택해야 한다. 그녀는 직장동료를 만날 때 멋지게 보이고 하고 싶어한다.

Words & Phrases

- **be hanging in one's closet** 옷장에 걸려 있다
  There's clothing hanging in the closet.
  옷장에 옷들이 걸려 있어.

- **work at one's job** …의 직장에서 일하다
  Dan works at his job Monday through Saturday.
  댄은 월요일부터 토요일까지 직장에서 일해.

- **see one's co-workers** 동료들을 보다
  I saw my co-workers when I entered the building.
  난 건물에 들어갈 때 내 동료들을 봤어.

The man is getting dressed to go to work. He is putting on business clothes because he works in an office. He has to look in a mirror to make sure he is tying his necktie correctly. When he is finished, he will go drink a cup of coffee.

남자는 출근하기 위해서 옷을 입고 있다. 그는 사무실에서 일하기 때문에 양복을 입고 있다. 그는 넥타이를 제대로 매고 있는지 확실히 하기 위해 거울을 봐야 한다. 그는 마치고 나면 가서 커피 한 잔을 마실 것이다.

Words & Phrases

- **put on** 옷을 입다. 바르다(동작강조 *입고 있는 상태는 have나 wear를 쓴다.)
  I put on my pajamas and got into bed.
  난 파자마를 입고 잠자리에 들었어.

- **have to+V** ···해야 한다
  You have to get this done by Friday.
  금요일까지 이거 끝내야 돼.

- **go+V** 가서 ···하다(= go and V or go to V와 같은 의미)
  Let's go see a movie this afternoon.
  오늘 오후에 가서 영화보자.

The woman is getting ready to go out. She is in her bathroom, looking into the mirror. Looking in a mirror helps her to put on her make-up. She is using a small cosmetic brush that will make her eye lashes look darker.

여자는 외출 준비를 하고 있다. 그녀는 화장실에서 거울 속을 들여다보고 있다. 거울을 들여다봐야 화장을 하는데 도움이 된다. 그녀는 속눈썹이 더 진하게 보이게 해줄 조그마한 화장용 솔을 사용하고 있다.

Words & Phrases

- **get ready to+V** ···할 준비가 되다
  I'm getting ready to play soccer.
  난 축구할 준비됐어.

- **go out** 외출하다 (go out with~ ···와 함께 나가다, 데이트하다)
  I came by to see if you could go out for dinner with me.
  나랑 저녁먹을 수 있는지 확인하러 왔어.

- **put on one's make-up** 화장을 하다 (wear를 쓰면 화장을 한 상태 의미)
  She just needs some time to put on her make-up.
  그녀는 화장을 할 시간이 좀 필요해.

The man is feeling stressed because he has to hurry to work. He is looking at the time on his watch and he thinks he might be late. He is quickly pulling on one of his socks. He will have to button his shirt and tuck it into his pants before he leaves his house.

남자는 서둘러 출근해야 하기 때문에 스트레스를 받고 있다. 그는 시계의 시간을 쳐다보며 늦을 지도 모른다고 생각한다. 그는 서둘러 한 쪽 양말을 잡아당겨 신는다. 그는 집을 나서기 전에 셔츠의 단추를 잠그고 셔츠를 바지 속으로 넣어야 한다.

Words & Phrases

- **have to hurry to work** 서둘러 출근해야 한다
  You have to hurry to work because it's getting late.
  늦었기 때문에 서둘러 출근해야 돼.

- **pull on** (옷, 장갑, 양말 등을) 잡아당겨 입다, 신다
  Hold on, let me pull on my shoes.
  잠깐만, 내 양말 좀 당겨 신을게.

- **tuck sth into~** …을 …에 밀어넣다
  Tuck your shirt into your pants before going out.
  나가기 전에 셔츠를 바지 속에 집어 넣어.

The man is leaving his house. His wife and son are on the porch. He is waving goodbye to his family because he must go to work. He doesn't use a car to commute to his job. He likes taking the subway because it is more convenient than driving through rush hour traffic.

남자는 집을 나서고 있다. 그의 아내와 아들은 현관에 있다. 그는 회사에 가야 하기 때문에 가족에게 손을 흔들어 인사하고 있다. 그는 출퇴근하는데 차를 이용하지 않는다. 그는 러시아워 체증에 차를 몰아 가는 것보다 훨씬 편리하기 때문에 지하철을 타는 것을 좋아한다.

Words & Phrases

- **wave goodbye to~** 손을 흔들어 인사하다
  The people on the bus waved goodbye to their friends.
  버스에 탄 사람들이 자기 친구들에게 손을 흔들어 작별인사를 했다.

- **commute to one's job** 직장에 출퇴근하다
  Helen uses a scooter to commute to her job.
  헬렌은 스쿠터를 타고 직장에 출퇴근해.

- **take the subway** 지하철을 타다 (= ride the subway)
  I guess I will have to take the subway.
  지하철을 타야 되겠네.

The woman is driving her car, and she is looking at her watch. She is going to have to **step on the gas**, because she is very late for work. She will be driving fast to **get there on time**. If the police catch her, she may **get a ticket for speeding**.

여자는 자신의 차를 몰고 있고 시계를 보고 있다. 그녀는 직장에 많이 지각을 할 것이기 때문에 속도를 내야할 것이다. 제 시간에 도착하기 위해서 차를 빨리 몰 것이다. 경찰에 잡히면, 속도위반 티켓을 받을지도 모른다.

Words & Phrases

• **step on the gas** 차의 엑셀레이터를 밟다, 속력을 내다(Step on it!)
Get me to the church, and step on it!
교회에 데려다줘. 더 밟아!

• **get there on time** 늦지 않게 거기에 도착하다
We drove quickly, but didn't get there on time.
빨리 차를 몰았지만 제시간에 도착하지 못했어.

• **get a ticket for speeding** 속도위반딱지를 받다 (= get a speeding ticket)
Worst thing I've done is get a speeding ticket.
내가 한 가장 나쁜 짓은 교통위반이야.

The cars **are stuck in a morning traffic jam**. Most of the people in the cars are trying to get to work. Everyone is moving very slowly because the traffic **is bumper to bumper**. People are getting upset. They just want to **be able to** arrive at their jobs.

차들이 아침 교통체증에 막혀 있다. 차에 있는 대부분의 사람들은 출근하려고 한다. 다들 차가 너무 막혀서 아주 천천히 움직이고 있다. 사람들은 화가 난다. 그들은 단지 직장에 도착하기를 바라고 있을 뿐이다.

Words & Phrases

- **get[be] stuck in a traffic jam** 교통체증에 갇히다
  The taxi I was in got stuck in rush hour traffic.
  내가 탄 택시가 러시아워 교통혼잡에 갇혔어.

- **be bumper to bumper** 차가 막히다
  The traffic was bumper to bumper, and no one was moving.
  차가 너무 막혀서 아무도 움직이지 못했어.

- **be able to+V** ⋯할 수 있다
  Chris was not able to stay healthy as he aged.
  크리스는 늙어가면서 건강을 유지할 수가 없었어.

The people are standing on a subway platform. They use the subway to get to work every morning. Everyone is lined up, waiting for the doors to open so they can get inside. In the meantime, some of them are using their smartphones to check their e-mail.

사람들이 지하철 플랫폼에 서 있다. 그들은 매일 아침 출근하기 위해 지하철을 이용한다. 다들 줄을 서서 문이 열려 지하철 안으로 들어갈 수 있기를 기다리고 있다. 그러는 사이, 그들 중 일부 사람들은 스마트폰으로 이메일을 확인하고 있다.

Words & Phrases

- **use the subway** 지하철을 이용하다
  It's easier to use the subway.
  전철을 타는 게 더 쉬워.

- **be lined up** 줄을 서다
  Hundreds of teenagers were lined up to get into the concert.
  많은 십대들이 콘서트에 들어가기 위해 줄을 서 있었어.

- **check one's e-mail** 이멜을 확인하다
  I was meaning to check my e-mail.
  이멜을 확인하려던 참이었어.

The man is riding to work on a bicycle. He has a suit and tie on. It is a beautiful morning and he is enjoying looking around at the trees and flowers. He is wearing a helmet on his head so he will be protected if he has an accident.

남자는 자전거를 타고 출근하고 있다. 그는 양복과 넥타이를 메고 있다. 아름다운 아침이고 그는 주변의 나무와 꽃을 보며 즐거워하고 있다. 그는 머리에 헬멧을 하고 있어서 사고가 나도 보호될 것이다.

Words & Phrases

- **ride to work on a bicycle** 자전거타고 출근하다
  I sweat a lot when I ride to work on a bicycle.
  자전거 타고 출근할 때는 땀을 많이 흘려.

- **have ~ on** …을 걸치고 있다
  Pete has a red hat on his head.
  피트는 머리에 빨간 모자를 쓰고 있어.

- **enjoy ~ing** …을 즐기다 (enjoy+명사)
  I'm like you. I enjoy traveling.
  나도 너랑 같아. 여행을 즐겨.

The man is on his way to work, and he is using a scooter to get there. He is going down a long city street. He has grey hair, and he has a bag slung across his shoulder. He has to push the ground with his foot to get the scooter to move faster.

남자는 출근하는 길이다. 직장에 스쿠터를 타고 가고 있다. 그는 긴 거리를 내려가고 있다. 그의 머리는 희며, 어깨에 가방을 두르고 있다. 그는 발로 바닥을 밀어서 스쿠터가 더 빨리 가도록 해야 한다.

Words & Phrases

- **be on one's way to~** …로 가는 길이다
  I'm on my way to the gym, I'll meet you there.
  체육관 가는 길이야. 거기서 보자.

- **get there** 도착하다
  It takes three hours from here to get there.
  여기서 거기 가는데 세 시간 걸려.

- **get ~ to+V** …가 …하도록 하다
  How did you get her to do this?
  어떻게 걔한테 이걸 시킨거야?

The man has a blanket over his head, and he is holding a thermometer. He looks unhappy. He caught a cold and can't go to work. He has his smartphone in his hand, and he is calling in sick. He has to tell his boss that he will be staying home to rest for a while.

남자는 담요를 머리위로 두르고 있고 체온계를 손에 들고 있다. 그는 힘들어 보인다. 그는 감기에 걸려서 출근할 수가 없다. 그는 손에 스마트폰을 들고 아파서 출근하지 못하겠다고 전화를 한다. 그는 상사에게 잠시 집에서 쉬어야 될거라고 말해야 한다.

Words & Phrases

• **catch a cold** 감기에 걸리다(get[have] a cold)
Can you help me? I have a cold.
나 좀 도와줄래? 감기에 걸렸어.

• **have ~ in one's hand** 손에 …을 들고 있다
She has a shopping bag in her right hand.
걘 오른 손에 쇼핑백을 들고 있어.

• **call in sick** 아파서 결근한다고 전화하다
What are you doing here? You called in sick this morning.
여기서 뭐해? 오늘 아침에 병가냈잖아?

The people are in an office, and two of them are sitting in front of a computer. They are all waving at someone who has come in. This is the way they say good morning to their co-workers when they get to the office. Soon they will get some coffee and begin working.

사람들이 사무실에 있고 그들 중 두 명은 컴퓨터 앞에 앉아 있다. 그들은 모두 출근하는 사람에게 손을 흔들고 있다. 이런 식으로 동료들이 출근할 때 아침인사를 한다. 이어서 그들은 커피를 좀 마시고 일을 시작할 것이다.

Words & Phrases

- **wave at sb** ···에게 손을 흔들다
  Sam is standing at the window waving at her.
  샘은 창가에 서서 걔한테 손을 흔들고 있어.

- **say good morning to sb** ···에게 아침인사를 하다
  I'm going to stop by to say good morning to Mom.
  난 엄마집에 들러 아침 인사를 할거야.

- **get to the office** 사무실에 도착하다
  It takes about 30 minutes to get to the office.
  사무실가는데 한 30분 걸려.

The woman **is busy working**. It looks like she is in a coffee shop. She is using a notebook to **write down** some information she found on her computer. She also has something to drink and her phone on the table. She has been sitting **at that table** for a while.

여자는 일하느라 바쁘다. 커피숍에 있는 것처럼 보인다. 그녀는 노트북을 이용해서 컴퓨터에서 찾은 정보를 노트에 적고 있다. 그녀는 또한 음료와 핸드폰을 테이블에 놓고 있다. 그녀는 한동안 테이블에 앉아 있었다.

Words & Phrases

- **be busy (with) ~ing** ···하느라 바쁘다
  I was so busy studying for finals.
  기말시험 공부하느라 바빴어.

- **write down** (노트 등에) 받아 적다
  You need me to write it down for you?
  내가 널 위해 그걸 적어줄까?

- **at the table** 테이블에(서)
  She's eating at the table.
  걔 식탁에서 식사 중이야.

The woman is sitting in front of her computer. She looks unhappy because she has her head in her hands. The problems on her computer are bothering her. She will have to solve these problems alone or with the help of the other workers in her office.

여자는 컴퓨터 앞에 앉아 있다. 두 손으로 머리를 감싸고 있어 힘들어 하는 것 같다. 컴퓨터 상의 문제들이 그녀를 힘들게 하고 있다. 그녀는 이 문제들을 혼자 풀어야 하거나 아니면 사무실내 다른 직원들의 도움을 받아 해결해야 한다.

Words & Phrases

- **bother sb** …을 괴롭히다
  I'm sorry. I didn't know it was bothering you.
  미안. 방해되는 줄 몰랐어.

- **solve the problems** 문제를 해결하다 (*Problem solved. 문제 해결됐어.)
  That's the only way they can solve their problems.
  그게 걔네들이 그 문제들을 풀 수 있는 유일한 방법이야.

- **with the help of~** …의 도움을 받고
  I could solve the problem with the help of Chris.
  크리스의 도움으로 이 문제를 풀 수 있었어.

The two men are in an office. They are looking at some documents together. The older man is suggesting that the younger man should make some changes, but the younger man says he already did. They feel stressed because this is an important project.

두 명이 사무실에 있다. 그들은 함께 어떤 서류들을 보고 있다. 나이 든 남자가 다른 젊은 남자에게 좀 수정을 해야겠다고 제안하지만 젊은 남자는 이미 수정했다고 말한다. 그들은 이게 중요한 프로젝트이기 때문에 스트레스를 받는다.

Words & Phrases

- **suggest that S+V** …를 제안하다
  I suggest you do the same if you can.
  가능하다면 너도 똑같이 해보도록 해봐.

- **make some changes** 일부 수정을 하다
  If that's the case, we need to make some changes.
  그게 사실이라면 우리는 좀 변화를 줘야겠어.

- **feel stressed** 스트레스를 받다 (look stressed 스트레스를 받은 것처럼 보이다)
  You look stressed out. What's wrong?
  스트레스에 지쳐 빠진 것 같으네. 무슨 일이야?

The three young people are at the same desk. They are looking at the screen of a notebook computer. They are workers in the same office, and so they are coordinating together on a project. They are making progress and they look happy.

3명이 한 책상에 모여 있다. 그들은 노트북 화면을 보고 있다. 그들은 같은 사무실에서 일하는 사람들이며 그래서 한 프로젝트에 함께 협조를 하고 있다. 그들은 진전을 이루었으며 기뻐하고 있는 것처럼 보인다.

Words & Phrases

- **look at~** …을 바라다보다
  Then they take turns looking at each other.
  그리고 나서 걔네들은 교대로 서로를 쳐다봤어.

- **coordinate together** 함께 협조하다
  If we coordinate together, we can complete our duties sooner.
  우리가 협조하면 더 빨리 우리의 임무를 완수할 수 있을거야.

- **make progress** 진전하다, 나아지다
  I'm sure he's making progress.
  걘 나아지고 있는게 확실해.

A group of people are sitting around a table. They are all eating a pizza that they ordered for lunch. There is a slice of pizza in each person's hand. They had the pizza delivered to their office when they took a break so they could all eat it together.

사람들이 테이블 주위에 앉아 있다. 그들은 점심으로 주문한 피자를 함께 먹고 있다. 각 사람의 손에는 피자 한 조각이 들려져 있다. 그들은 함께 같이 먹을 수 있도록 쉬는 시간에 피자를 사무실로 배달시켰다.

Words & Phrases

- **order for lunch** 점심으로 주문하다
  The executives couldn't decide what to order for lunch.
  임원들은 점심으로 뭐를 주문할지 결정을 할 수가 없었어.

- **have~ delivered to~** …을 …로 배달시키다
  Can I have these delivered to this address?
  이거 이 주소로 배달해주세요.

- **take a break** 쉬다
  What do you say we take a break?
  좀 쉬는 게 어때?

The man has come into a coffee shop and placed an order. He wanted a cup of coffee and a sandwich to take out. He is very hungry, but he doesn't have much free time. He has to return to his work at his office very soon so he got his sandwich and coffee to go.

남자는 커피숍에 들어와 주문을 했다. 그는 커피 한 잔과 샌드위치를 포장으로 주문했다. 그는 배가 무척 고프지만 쉬는 시간이 많지 않다. 그는 사무실로 바로 돌아가서 일을 다시 해야 하기 때문에 샌드위치와 커피를 포장주문으로 샀다.

Words & Phrases

- **place an order** 주문하다
  You're getting ready to place an order.
  이제 주문하실 수 있어요.

- **want ~ to take out** …을 포장주문하다(= get ~ to go)
  Eat here or take it out? 여기 드시겠어요 아니면 포장이에요?(For here or to go?)
  (I'd like) Two sandwiches to go. 샌드위치 두 개 포장해주세요.(Can I get sth to go?)

- **return to one's work at one's office** 사무실로 돌아가 일을 다시 시작하다
  I promised my boss I'd return to my work at my office.
  다시 사무실로 일하러 오겠다고 상사에게 약속했어.

The group of people is sitting at a conference table. They are having a meeting that was scheduled for after lunch. In the front of the room, some guy is presenting information about their business profits. They are all paying attention to him.

사람들이 회의용 테이블에 앉아 있다. 그들은 점심 후에 예정된 회의를 하고 있다. 회의실 앞쪽에 한 남자가 사업수익에 관한 정보를 발표하고 있다. 그들은 모두 다 그의 말에 주의를 기울이고 있다.

Words & Phrases

- **have a meeting** 회의가 있다, 회의를 하다(attend the meeting 회의에 참석하다)
  I have a meeting. I've got to run.
  회의가 있어. 빨리 가야 돼.

- **be scheduled for[to]~** …하기로 예정되어 있다
  My big party is scheduled for Saturday.
  토요일에 성대한 파티를 열거야.

- **present sth** …을 발표하다(give the presentation)
  Let's get together after I finish giving the presentation.
  내가 프레젠테이션을 끝낸 다음 만나자.

The group of people is having a discussion at a meeting in their office. Almost everyone is seated, but one woman is standing. She **is discussing** the firm's business plans for the next year. She **would like to** **be in charge of** one of the important projects.

사람들이 사무실 회의에서 토의를 하고 있다. 한 명의 여자만 서 있고 나머지는 다 자리에 앉아 있다. 그녀는 내년도 회사의 사업계획에 대해 토의하고 있다. 그녀는 중요한 프로젝트 중 하나를 맡고 싶어 한다.

Words & Phrases

- **discuss sth** ···에 대해 토의하다
  Why don't we start discussing the situation?
  상황에 대해 얘기를 나누어보자.

- **would like to+V** ···을 하고 싶어하다
  I'd like to talk to you about that.
  너와 그거에 대해 얘기하고 싶어.

- **be in charge of~** ···을 책임지고 있다
  I am in charge of this project.
  내가 이 프로젝트를 책임지고 있어.

The group of people is standing on the stairwell. They look happy, and they are chatting about something fun. They don't have to discuss business right now because they are on a coffee break. When they are finished they will head downstairs and resume working.

사람들이 건물 내부의 계단에 서 있다. 그들은 기뻐 보이고 뭔가 재미난 얘기를 나누고 있다. 그들은 커피브레이크 타임이기 때문에 업무에 관한 이야기를 할 필요는 없다. 그들은 다 마시고 나서 아래층으로 내려가서 일을 다시 시작할 것이다.

Words & Phrases

- **chat about~** …에 관해 얘기를 나누다
  Call me and we'll chat about it.
  전화해. 그 얘기 나누자.

- **don't have to+V** …할 필요가 없다
  You don't have to do everything I say.
  넌 내가 말하는 모든 것을 할 필요가 없어.

- **head downstairs** 아래층으로 향하다(head for~ …로 향하다)
  We'll grab a bite to eat before we head for the airport.
  우린 공항에 가기 전에 식사를 조금 할거야.

The two men are talking together. One man is seated and he has been doing work on his computer. The man who is standing is his boss, and he has told him that he has been doing a great job. These compliments help motivate people to work harder.

두 남자가 함께 얘기를 나누고 있다. 한 명은 앉아 있고 컴퓨터로 일을 하고 있었다. 서 있는 사람은 그의 상사이다. 상사는 직원에게 일을 아주 잘했다고 말했다. 이런 칭찬은 사람들이 일을 더 열심히 하도록 동기를 부여하는데 도움이 된다.

Words & Phrases

- **be doing work on one's computer** 컴퓨터로 일을 하고 있다
  She is still at the table, and is doing work on her computer.
  걘 아직 테이블에 있지만 컴퓨터 작업을 하고 있어.

- **do a great job** 일을 아주 잘하다
  That's because he did a great job.
  그 사람이 일을 잘 했으니까 그렇지.

- **motivate sb to+V** …가 …하도록 자극하다
  My girlfriend motivated me to stop smoking.
  내 여친은 내가 금연하도록 자극했어.

The woman is seated in front of a computer. Her boss **is making her work overtime.** She has just been brought several large files that she must read through. It is too much work for her to finish tonight. She feels very stressed and she **is getting a headache.**

여자는 컴퓨터 앞에 앉아 있다. 그의 상사는 그녀에게 야근을 시키고 있다. 그는 그녀가 다 읽어야 하는 몇 개의 큰 파일철들을 가져왔다. 그녀가 오늘밤으로 끝내기에는 너무 많은 일이다. 그녀는 스트레스를 무척 받아서 두통이 오고 있다.

Words & Phrases

- **make sb+V** …가 …하게 하다
  Why are you trying to make me feel bad?
  왜 날 기분나쁘게 만드는거야?

- **work overtime** 야근하다
  I don't want to work overtime every day.
  매일 야근하고 싶지 않아.

- **get a headache** 두통이 나다(have a headache)
  The reason I left is that I had a headache.
  내가 떠난 이유는 두통이 났기 때문이야.

The people are standing together in an area outside, where they are allowed to gather to smoke. Smoking has become unpopular. There is no smoking allowed in the building, so smokers must wait until their break time to leave the building for a cigarette.

사람들이 모여 흡연이 가능한 건물 외부구역에 함께 서 있다. 흡연은 점점 줄어들고 있다. 빌딩 내부에는 흡연가능구역이 없어서, 흡연자들은 쉬는 시간이 되기까지 기다렸다가 건물밖으로 나가 담배를 펴야 한다.

Words & Phrases

- **be allowed to+V** …해도 된다
  You're not allowed to smoke here.
  여기서 담배 피우시면 안됩니다.

- **become unpopular** 점점 시들어지다 (*popular 인기있는)
  He's one of the most popular professors.
  가장 유명한 교수님 중 한 분이셔.

- **wait until~** …까지 기다리다
  I guess we have to wait until he'll be back.
  우리는 걔가 돌아올 때까지 기다려야 할 것 같아.

The man is sitting in a car. He is traveling somewhere to see another person on business. While the man is in the car, he is continuing to work. He is looking through his tablet, and discussing the information he sees with one of his co-workers on the phone. He is a very hard worker.

남자는 차안에 앉아 있다. 그는 사업상 다른 사람을 만나러 어디론가 이동하고 있다. 차안에 있는 동안에 그는 계속 일을 하고 있다. 그는 태블릿을 쳐다보고 있으며 전화로 동료 직원 중 한 명과 자기가 보고 있는 정보에 대해서 얘기를 나누고 있다. 그는 아주 열심히 일하는 사람이다.

Words & Phrases

- **see sb on business** 사업상 …을 만나다(go ~ on business 사업상 …에 가다)
  I'm going to China for a week on business.
  사업상 일주일간 중국에 갈거야.

- **continue to+V** 계속해서 …하다
  We are going to just continue to wait and see what happens.
  계속 무슨 일이 일어나는지 지켜볼거야.

- **look through** 살펴보다, 검토하다
  I'll look through my phone to see if I can find her number.
  핸드폰을 훑어보면서 걔 전화번호를 찾아봤어.

The woman is sitting by herself on a seat on an airplane. She is going out of town on a business trip. There is an open notebook computer she is using to do her work. As she works, she is also listening to music on her headphones. She is hurrying because the plane will be landing in two hours.

여자는 비행기 자리에 혼자 앉아 있다. 그녀는 출장을 가고 있다. 그녀가 자기 업무를 하는데 이용하는 노트북이 열려져 있다. 업무를 보면서 그녀는 또한 헤드폰으로 음악을 듣고 있다. 비행기는 2시간 후면 착륙할 것이기 때문에 그녀는 일을 서둘러야 한다.

Words & Phrases

- **go out of town on a business trip** 출장을 가다(be out on business)
  She's coming to town on business for a few days.
  걔가 며칠간 이 동네에 출장 올거야.

- **do one's work** …의 일을 하다
  I really enjoy doing my work.
  정말 즐겁게 일하고 있어.

- **listen to~** …을 듣다
  Listen to me, I know why you did all of this.
  내 말 들어봐. 난 네가 왜 이 모든 짓을 했는지 알아.

The three people are sitting together at a table. The man on the right has been hoping he can **close a deal** with his new client. They have discussed their business and **come to an agreement,** and they are shaking hands to show that **a deal has been made.**

3명이 한 테이블에 함께 앉아 있다. 오른쪽 남자는 새로운 고객과 거래를 마무리하기를 기대하고 있었다. 그들은 사업에 관해 토의를 했고 합의에 이르게 됐다. 그리고 거래가 맺어진 것을 보여주기 위해 악수를 하고 있다.

Words & Phrases

- **close a deal** 거래를 마무리하다
  She's capable of doing anything to close a deal.
  걘 거래를 성사시키기 위해 무슨 짓이든 할 수 있어.

- **come to an agreement** 합의에 도달하다
  The leaders discussed a treaty but didn't come to an agreement.
  지도자들은 조약에 대해 토의했지만 합의에 도달하지 못했어.

- **make a deal** 거래를 맺다
  I made a deal with the boss. He's not going to fire me.
  사장과 거래했어. 날 안 자를거야.

The group of people is standing together. They **are dressed** nicely and smiling and pouring champagne into fancy glasses. They are very happy because they are celebrating a deal that they just closed. They hope that they will **make a lot of money** **because of** the deal.

일부 사람들이 함께 서 있다. 그들은 옷을 멋지게 입었으며 웃으며 멋진 잔에 샴페인을 따르고 있다. 방금 마무리한 거래를 축하하는 것으로 기뻐하고 있다. 그들은 이번 거래로 많은 돈을 벌거라 기대하고 있다.

Words & Phrases

- **be dressed~** 옷을 …하게 입다
  Why are you dressed so formally tonight?
  오늘 왜 그렇게 정식으로 차려입었어?

- **make a lot of money** 돈을 많이 벌다(↔ lose a lot of money)
  I heard you've been making a lot of money.
  돈을 많이 벌었다고 들었어.

- **because of~** …때문에
  School has been canceled because of the storm.
  폭풍 때문에 수업이 취소됐어.

The man is alone at his desk, and it is very dark outside. He is tired because he is working overtime at night, when everyone else has gone home. As he sits at his desk, he is looking at the screen of his notebook computer and talking to a business associate on the phone.

남자가 자기 책상에 홀로 앉아 있다. 밖은 무척 어둡다. 다들 퇴근했는데 그는 밤까지 야근을 하게 되어서 피곤하다. 책상에 앉아서, 그는 노트북 화면을 쳐다보고 전화로 사업상 동료에게 말하고 있다.

Words & Phrases

- **be tired** 피곤하다
  I think everyone is feeling very tired.
  다들 무척 피곤한 것 같아.

- **work overtime** 야근하다
  We have to work overtime again this weekend.
  이번 주말에 또 야근을 해야 돼.

- **look at~** …을 쳐다보다
  I'm not comfortable with you looking at me.
  네가 날 쳐다보는게 불편해.

The woman is sitting at her desk, reading information on a computer screen. It is dark outside and she is working overtime alone tonight. She was hungry, so she ordered some take-out food to eat while she works. She is using chopsticks to eat the noodles from the carton.

여자는 자기 책상에 앉아서 컴퓨터 화면의 내용을 읽고 있다. 밖은 어두워졌고 그녀는 오늘밤 혼자 야근을 하고 있다. 그녀는 배가 고파서 일을 하면서 먹으려고 포장음식을 좀 배달시켰다. 그녀는 젓가락을 이용해서 박스 안의 국수를 먹고 있다.

Words & Phrases

- **read information on a computer screen** 컴퓨터 화면 내용을 읽다
  The workers are busy reading information on their computer screens.
  직원들은 컴퓨터 화면의 정보를 읽느라 바빴어.

- **order some take-out food** 포장음식을 배달시키다
  Everyone is starving. Do you want to order some take-out food?
  다들 배고파해. 포장음식을 주문하고 싶어?

- **~while S+V** …하면서
  Shall I order your food while you're in the washroom?
  네가 화장실에 가 있을 동안 식사를 주문할까?

Several women **have gotten together** after work, to relax and have fun. They are friends, and they enjoy drinking wine. One of the women **proposes a toast** and they all clink glasses and tell each other **'bottoms up!'** They feel very happy to be out for the evening

몇몇 여자가 퇴근 후에 모여서 긴장을 풀고 즐기고 있다. 그들은 친구이며 와인 마시는 것을 즐겨한다. 여자 중 한 명이 건배를 제안하고 그들은 모두 잔을 부딪히며 서로에게 "위하여!"라고 한다. 그들은 저녁 때 나와 놀아서 무척 기분이 좋다.

Words & Phrases

- **get together** 모이다, 만나다 (get-together 모임, 만남)
  Did you get together with him?
  걔 만났어?

- **propose[make] a toast** 건배를 제안하다
  It's so great seeing you guys again. I'd like to make a toast.
  다시 만나 반가워들. 축배를 할게.

- **Bottoms up!** 위하여!
  This is a toast for good luck. Bottoms up!
  행운을 빌며 건배하자. 위하여!

The man is laying in his bed. He got home after working very late, and he was too tired to take off the suit he wore to his office. He went directly to bed and fell asleep. He has been staying late at his office every day for the last month, and he is beginning to burn out.

남자는 자기 침대에 누워있다. 그는 늦게까지 야근하고 집에 돌아왔다. 너무 피곤해서 사무실에 입고 갔던 양복을 벗지 못했다. 그는 곧장 자러 가서 골아 떨어졌다. 그는 지난 한 달간 매일 사무실에서 야근을 해와서 거의 초죽음이 되어가기 시작하고 있다.

Words & Phrases

- **take off** 옷을 벗다
  She took off her shirt and fell back on the couch.
  걘 셔츠를 벗고 소파에 기댔어.

- **fall asleep** 골아 떨어지다
  I can't forgive you for falling asleep during sex.
  섹스 중에 잠든 널 용서할 수가 없어.

- **burn out** 초죽음이 되다, 완전히 뻗다
  I am totally burned out from doing this job.
  이 일하느라 완전히 뻗었어.

The man is wearing a strange clown nose, and lying at the feet of his boss. He is tying his boss's shoes. He is a brown noser, and **willing to** do anything to **get promoted.** This type of person is common in every office, and often upsets others by using fake flattery to **gain favor with** the boss.

남자는 이상한 광대코를 쓰고 있고 상사의 발밑에 누워 있다. 그는 상사의 구두끈을 매주고 있다. 그는 아부쟁이이며 승진하기 위해서라면 못할 짓이 없다. 이런 종류의 사람은 어느 사무실에나 꼭 있게 마련이며 상사의 환심을 사기 위해 마음에도 없는 아부를 함으로써 다른 사람들의 기분을 종종 상하게 한다.

Words & Phrases

- **be willing to+V** 기꺼이 …하다
  Would you be willing to take a job overseas?
  기꺼이 해외에서 직장을 얻을거야?

- **get promoted** 승진하다
  Mr. Swanson says that Ray is getting promoted.
  스완슨 씨는 레이가 승진할거라고 하셔.

- **gain favor with~** …의 환심을 사다(curry favor with~ …의 비위를 맞추다)
  Chris wants to curry favor with his boss.
  크리스는 사장에게 비위를 맞추려고 해.

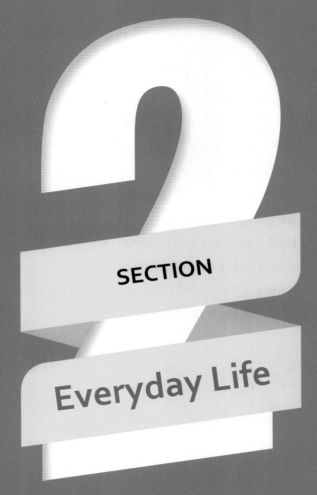

SECTION

2

Everyday Life

일상생활

Chapter 01

The Internet & Hobbies

The woman is sitting at a table, typing on her computer. She is doing some research for her job. She needs to know about methods of interior decoration. All of that information can be found by browsing the Internet.

여자는 테이블에 앉아서 컴퓨터에 타이핑을 하고 있다. 자기 일에 필요한 조사를 하고 있다. 그녀는 실내장식방법에 관해 알아야 한다. 그런 모든 정보는 인터넷을 검색하면 찾을 수 있다.

Words & Phrases

- **do some research for~** ···에 대한 조사를 하다
  The students need to do some research for their English papers.
  학생들은 영어논문을 위해 조사를 해야 한다.

- **need to+V** ···을 해야 한다
  The point is that we need to fix this garage.
  중요한 건 이 창고를 수리해야 한다는거야.

- **browse the Internet** 인터넷을 서핑하다
  Every night he spends hours browsing the Internet.
  매일밤 갠 시간을 내서 인터넷 서핑을 해.

The man is looking at his smart phone. He just woke up, so he is feeling sleepy. Soon he will be getting ready to go to work. Right now, he is sitting in front of his laptop computer, drinking some coffee, and checking for text messages and e-mail on his phone.

남자는 자신의 스마트폰을 보고 있다. 그는 방금 일어나서 졸립다. 곧 그는 출근할 준비를 할 것이지만 지금은 노트북 앞에 앉아서 커피를 좀 마시며 폰으로 문자와 이멜을 확인하고 있다.

Words & Phrases

- **feel sleepy** 졸리다
  For some reason I feel very sleepy today.
  왠지 모르겠지만 오늘 정말 졸려.

- **get ready to+V** …할 준비를 하다
  I'm getting ready to go to sleep.
  난 자러 갈 준비됐어.

- **check for** …을 조사하다, 확인하다
  Keep checking for updates.
  최신정보를 계속 확인해봐.

The man **is holding a phone in his hand.** He **is texting his friend** while he is at work. Many people send text messages from mobile phones. Soon the man's friend will text back, and they will **make plans** for the weekend.

남자는 손에 핸드폰을 쥐고 있다. 그는 직장에서 일을 하는 동안 친구에게 문자를 보내고 있다. 많은 사람들이 스마트폰으로 문자메세지를 보낸다. 곧 그의 친구가 문자를 보내올 것이며 그들은 주말 계획을 잡을 것이다.

Words & Phrases

- **hold ~ in one's hand** …을 손에 쥐고 있다
  He is holding a shopping bag in his right hand.
  걘 오른 손에 쇼핑백을 들고 있어.

- **text sb** …에게 문자를 보내다(send text messages)
  Text her and find out where she is.
  문자보내서 걔 어디 있는지 알아내.

- **make plans** 계획을 세우다
  She wants to make plans for New Years.
  걔는 신년계획을 세우고 싶어해.

SECTION   CHAPTER

02-01-04

The woman is sitting at her desk, drinking a cup of coffee and using a laptop. On her laptop she can see a pop up icon that signifies the arrival of new e-mail. She is using the mouse and guiding the pointer on her computer to open the e-mail in her inbox.

여자는 책상에 앉아서 커피를 마시며 노트북을 사용하고 있다. 노트북에는 새로운 메일이 도착했다고 알려주는 팝업 아이콘이 보인다. 그녀는 마우스를 이용해 받은 편지함에 있는 이메일을 열기 위해 마우스 포인터를 움직일 것이다.

Words & Phrases

- **a pop up icon** 팝업 아이콘
  When you click on the site, you'll see a pop up icon.
  이 사이트를 클릭하면 팝업 아이콘이 뜰거야.

- **signify** 알리다
  The cool weather and falling leaves signify the arrival of fall.
  서늘한 날씨와 낙엽들이 가을이 오는 것을 말해주네.

- **guide the pointer** 마우스 포인터를 움직이다
  Use the mouse pad to guide your pointer.
  마우스패드를 이용해서 네 마우스 포인터를 움직여봐.

The man is holding his new iPhone and looking at the screen. He can access Instagram and other social networking services on this phone. It's very convenient for him to keep in touch with people because of these apps.

남자는 새로운 아이폰을 손에 쥐고 화면을 보고 있다. 그는 폰으로 인스타그램 그리고 다른 SNS에 접속할 수 있다. 그는 이런 어플들 때문에 사람들과 연락을 하고 지내는데 편리함을 느낀다.

Words & Phrases

- **access sth** …에 접속하다
  This app allows you to access Facebook on your phone.
  이 어플로 넌 네 폰에서 페이스북에 접속할 수가 있어.

- **It's very convenient for sb to~** …가 …하는 것이 편리하다
  It's very convenient for Tara to contact her overseas friends.
  타라가 해외친구와 연락하는 것은 매우 쉬워.

- **keep in touch** 연락을 하고 지내다 (*get in touch는 연락하다)
  I liked talking with you. Let's keep in touch.
  너랑 얘기해서 좋았어. 연락하고 지내자.

The man is holding his phone and looking at someone's Facebook page. He enjoyed what was written there, and so he is touching the 'love' icon. Each time a person does this, the number next to the 'love' icon goes up by one. This is a good way to know if something on a Facebook page is popular.

남자는 핸드폰을 손에 쥐고 다른 사람의 페이스북 페이지를 보고 있다. 그는 그곳에 쓰여 있는 글을 재미있게 읽고 '좋아요' 아이콘을 누른다. 사람들이 이렇게 누를 때마다, '좋아요' 아이콘 옆의 숫자가 하나씩 올라간다. 이는 페이스북에서 어떤 것이 인기인지 아는데 아주 좋은 방법이다.

Words & Phrases

- **touch the 'love' icon** '좋아요' 아이콘을 누르다
  When you touch the 'love' icon, it means you approve of what was written. '좋아요' 아이콘을 누르는 것은 쓰여진 글을 좋아한다는 것을 뜻해.

- **go up by one** 하나씩 올라가다
  The score went up by one when Julio kicked the ball into the goal.
  줄리오가 숫골인했을 때 점수가 하나 올라갔어.

- **be popular** 인기있다
  It seems like Mr. Smith is very popular.
  스미스 씨가 아주 인기가 좋은 것 같아.

The woman is holding an electronic tablet in her hands, and browsing YouTube. YouTube has many videos that she can choose to watch. She is interested in music, so she is looking at various music videos.

여자는 두 손으로 태블릿을 잡고 유튜브를 서핑하고 있다. 유튜브에는 많은 비디오가 있어서 보고 싶은 것을 고를 수가 있다. 그녀는 음악에 관심이 있어서 다양한 뮤직비디오를 보고 있다.

Words & Phrases

- **browse YouTube** 유튜브를 서핑하다
  You can find a lot of information when you browse YouTube.
  유튜브를 둘러보면 많은 정보를 찾을 수 있어.

- **choose to+V** …하기로 선택하다
  I choose to quit my job. That is my choice.
  직장 그만 두기로 했어. 내 선택야.

- **be interested in~** …에 관심이 있다(= have interest in)
  I'm interested in movies opening this weekend.
  난 이번 주말에 개봉하는 영화들에 관심있어.

LIVE CHAT

The woman is sitting in front of a computer that is on her desk. She should be working, but she is doing other things. She is using the laptop to live chat with people from around the world. It is a fun thing to do because it helps her learn about people from other cultures.

여자는 자기 책상 위에 있는 컴퓨터 앞에 앉아 있다. 그녀는 일을 해야 하지만 다른 일을 하고 있다. 그녀는 노트북을 이용해 전세계의 사람들과 채팅을 하고 있다. 그건 그녀가 다른 문화의 사람들에 관해 알 수 있도록 해주기 때문에 재미있는 일이다.

Words & Phrases

- **live chat with sb** ···와 라이브 채팅을 하다
  We plan to live chat with my brother on his birthday.
  우리는 형의 생일 때 함께 라이브채팅을 할거야.

- **It's a fun thing to do because~** ···하기 때문에 재미있는 일이다
  It's a fun thing to do because you can make money.
  돈을 벌 수 있기 때문에 그건 하기에 재미있는 일이야.

- **learn about** ···관해서 배우다
  It's easy to learn about cooking.
  요리에 대해 배우는 것은 쉬워.

The woman is looking at the screen of her computer. She is browsing through items that are for sale. Online shopping is popular because it is convenient, and the items are shipped directly to a person's house. She is going to pay online using her credit card.

여자는 컴퓨터의 화면을 보고 있다. 그녀는 판매 상품을 훑어보고 있다. 온라인 쇼핑은 편리하고 또한 제품이 구매자의 집으로 직배송 되기 때문에 인기가 있다. 그녀는 신용카드로 온라인 결제를 할 것이다.

Words & Phrases

- **be for sale** 팔려고 내놓다
  Sorry, but this car is not for sale.
  미안하지만 이 차는 팔지 않아.

- **be shipped directly to~** …로 바로 직배송되다
  The order will be shipped directly to your house.
  주문품은 자택으로 직배송될 것이다.

- **pay online using one's credit card** 신용카드로 온라인 결제를 하다
  You can pay online for the airline ticket using your credit card.
  항공티켓은 온라인으로 신용카드결제가 가능합니다.

The man is sitting at a desk with a cup of coffee, looking at his mobile phone. He is studying by taking an online course through his smartphone. Online education has become very popular, especially with people whose lives are busy. It allows them to study anywhere and at any time.

남자는 커피 한 잔이 놓여 있는 책상에 앉아서 핸드폰을 보고 있다. 그는 스마트폰을 통해서 온라인 강좌를 들으며 학습하고 있다. 온라인 교육은 특히 바쁘게 사는 사람들에게 인기가 아주 좋다. 장소와 시간을 가리지 않고 학습을 할 수 있게 해주기 때문이다.

Words & Phrases

• **take a course** 강의를 듣다(fail the course 강좌에 낙제하다)
She said I was in danger of failing the course.
그녀는 내가 강좌를 통과하지 못할 위험에 처해 있다고 했어.

• **become very popular** 매우 유명해지다
It was popular in the past, but not so common now.
전에는 인기가 있었으나 지금은 그리 많이 쓰이지 않는다.

• **at any time** 언제라도
It could start raining at any time.
언제라도 비가 내릴 수 있겠어.

A man is holding up his smart phone. On the screen is a mobile banking app. This allows the man to check how much money he has in the bank, and how much he owes for his credit cards. It also lets him know if investments he made are profitable.

남자는 자기 스마트폰을 들고 있다. 화면에는 모바일 은행 어플이 보인다. 이 어플로 그는 은행 잔고가 얼마인지 그리고 신용카드 결제액이 얼마인지 확인할 수 있다. 이뿐만 아니라 그가 투자한 돈이 수익이 나는지 여부를 알려주기도 한다.

Words & Phrases

- **hold up** 들고 있다
  Hold up your hand if you'd like a drink.
  술 한잔 마시고 싶으면 손을 들어.

- **This allows sb to+V** 이걸로 …는 …을 할 수가 있다
  This allows him to take a short vacation.
  이걸로 그는 짧은 휴가를 갈 수가 있다.

- **It lets sb know if S+V** …가 …인지 여부를 알 수 있도록 해준다
  It lets me know if the package has arrived.
  그건 소포가 도착했는지 여부를 내가 알 수 있도록 해준다.

A woman is sitting at a table in a restaurant, and her food has just been served. It is very unique food, and she is taking a photo of it before she eats it. She plans to post the photo on Instagram so her friends will see it. Maybe they will want to join her the next time she comes to this restaurant.

여자가 레스토랑의 테이블에 앉아 있다. 그리고 그녀가 주문한 음식이 방금 나왔다. 아주 독특한 음식이어서 그녀는 그걸 먹기 전에 사진을 찍는다. 그녀는 인스타그램에 그 사진을 올릴 것이고 그녀의 친구들이 그 사진을 보게 될 것이다. 그들은 그녀가 이 레스토랑에 다시 올 때 같이 오고 싶어할 지도 모른다.

Words & Phrases

- **take a photo of~** …의 사진을 찍다
  Can you take a photo of me and my friends?
  나와 내 친구들 사진을 찍어줄래요?

- **post sth on Instagram** 인스타그램에 …을 올리다
  I photoshop my pics before posting them on my Instagram.
  난 내 사진들을 인스타에 올리기 전에 포토샵으로 사진처리를 해.

- **join sb** …와 함께 하다
  Do you want to join us for dinner?
  우리랑 함께 저녁 먹을래?

A teenage boy is seated in a dark room, wearing headphones. He is playing video games on a computer with gamers in different locations around the world. It requires a lot of concentration, so he is alone in the room. He wants to show the other gamers how much skill he has.

십대소년이 헤드폰을 끼고 어두운 방에 앉아 있다. 그는 전세계의 다른 장소에서 게임하는 사람들과 함께 컴퓨터 게임을 하고 있다. 이는 많은 집중력을 필요로 해서 그는 방에 혼자 있다. 그는 다른 게임 하는 사람들에게 자기의 게임실력을 보여주고 싶어 한다.

Words & Phrases

- **play computer games** 컴퓨터 게임을 하다
  I played computer games for 10 hours yesterday.
  어제 10시간동안 컴퓨터 게임을 했어.

- **It requires~** …은 …을 필요로 한다
  It requires a passport and an airplane ticket.
  여권과 항공권이 필요합니다.

- **show sb how much+N~** …에게 얼마나 많은 …을 갖고 있는지 보여주다
  I say you show Jill how much you love her.
  질에게 네가 걜 얼마나 사랑하는지 보여주라고.

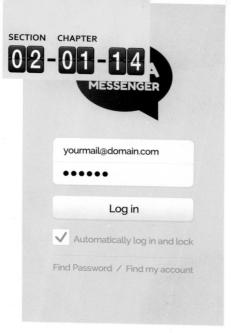

The screen is showing the Kakao messenger app. It is an application that allows Korean speakers to use the Internet to chat and communicate with each other. Kakao can be used on regular computers and as an app on smart phones. It's a great way to keep in touch with friends and family members.

사진은 카카오 메신저 어플이다. 한국 사람들이 인터넷을 이용해 서로 대화를 나누고 의사소통을 하도록 해준다. 카카오는 PC에서도 이용가능하고 스마트폰 어플로도 이용할 수 있다. 친구나 친척들과 연락을 주고 받는데 아주 좋은 방법이다.

Words & Phrases

- **It is ~ that allows sb to~** …는 …가 …하는 것을 가능하게 해준다
  It's a tourist visa that allows you to **work part-time**.
  아르바이트를 허가해주는 관광비자야.

- **use the Internet** 인터넷을 이용하다
  Is it all right that I use the Internet?
  내가 인터넷을 써도 괜찮아?

- **keep in touch** 연락을 주고 받다
  You still keep in touch with her?
  걔하고 아직 연락하고 지내?

The man has a phone in his hands, and is looking at a picture. He is an Internet troll, and he is leaving an insulting comment under the picture. He is calling the person in the picture ugly. Trolls use the Internet to cyber bully people and engage in other bad behavior.

남자는 손에 핸드폰을 들고 사진을 바라다보고 있다. 그는 인터넷 악플러로 그는 사진 밑에 모욕적인 댓글을 남기고 있다. 그는 사진에 나오는 사람이 못생겼다고 한다. 악플러들은 인터넷을 이용해서 사이버상에서 사람들을 괴롭히고 다른 못된 짓거리를 한다.

Words & Phrases

- ### Internet troll 악플러
  Internet trolls create a hostile environment for everyone.
  인터넷 악플러들은 모든 사람들에게 적대적인 환경을 만든다.

- ### cyber bully sb 인터넷 상에서 …을 괴롭히다
  Stop cyber bullying little children!
  어린 아이들은 좀 그만 괴롭혀!

- ### engage in~ …한 행동을 하다
  You've spent most of the hour engaging in small talk.
  잡담하면서 대부분의 시간을 보내는구나.

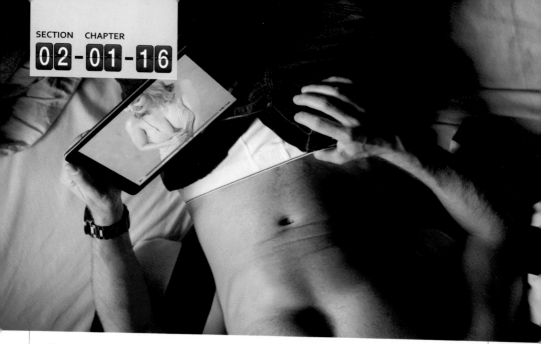

The man is holding a tablet in his hand, and he is looking at pornographic videos. He is lying in his bed, he has his pants unzipped, and he is feeling sexually aroused. After he watches the porn videos for a while, he will masturbate. Watching pornography on the Internet has become very popular.

남자는 한 손에 태블릿을 들고 포르노를 보고 있다. 그는 자기 침대에 누워있고 바지의 지퍼는 열어놓은 상태이다. 그리고 그는 성적으로 흥분되어 있다. 그는 한동안 야동을 본 후에 자위를 할 것이다. 인터넷 상에서 포르노를 보는 것은 아주 흔한 일이 되어 버렸다.

Words & Phrases

- **have~ pp** …을 …한 상태로 하다
  Can I have these delivered to this address?
  이 주소로 이것들을 배달시킬 수 있나요?

- **feel sexually aroused** 성적으로 흥분하다
  I felt sexually aroused by Penny's friend Chris.
  난 페니의 친구인 크리스에게 성적으로 끌렸어.

- **become popular** 유행하다, 흔해지다
  Working out has become really popular lately for Koreans.
  최근 한국 사람들에게 운동하는 것은 유행이 되었어.

The woman in front of the computer is very distraught. Someone has been cyber stalking and bullying her over the Internet. It has made her feel upset and depressed. Some mean people get online just to harass and troll others.

컴퓨터 앞에 앉아 있는 여자는 제정신이 아니다. 누군가가 인터넷으로 스토킹을 하고 있고 인터넷을 통해 그녀를 괴롭히고 있다. 그 때문에 그녀는 기분이 혼란스럽고 우울하다. 일부 비열한 인간들은 다른 사람들을 괴롭히기 위해 온라인에 접속한다.

Words & Phrases

- **bully sb over the Internet** 인터넷 상으로 …을 괴롭히다
  The student tried to kill herself after someone bullied her over the Internet.
  그 여학생은 인터넷 상으로 괴롭힘을 당하고 나서 자살하려고 했다.

- **It has made sb feel~** 그 때문에 …의 기분이 …하게 하다
  It has made him feel angry and bitter.
  그 때문에 그의 기분은 화가 났고 씁쓸해졌어.

- **get online to+V** 온라인에 접속해서 …하다
  My parents get online to look at the photos I've posted.
  부모님은 내가 올린 사진을 보기 위해 온라인에 접속하셔.

The man is sitting in front of several computer screens. He is turned to the side and has his face hidden. He wants to keep his identity secret, because he is hacking other computers. Hacking is illegal and often used to steal the personal information of others. Some hackers can even access money in the bank accounts of their victims.

남자는 몇몇 컴퓨터 화면 앞에 앉아 있다. 그는 한쪽으로 몸을 돌려 앉아서 그의 얼굴은 보이지 않는다. 그는 다른 컴퓨터들을 해킹하기 때문에 자신의 정체를 숨기고 싶어한다. 해킹은 불법이며 종종 다른 사람들의 개인정보를 훔치기 위해 사용된다. 피해자들의 은행계좌에서 돈을 가로채기까지 한다.

Words & Phrases

- **keep ~ secret** …을 비밀로 하다
  Do you think she will keep it secret from her friends?
  걔가 그걸 친구한테 말하지 않고 비밀로 할거라 생각해?

- **hack other computers** 다른 컴퓨터를 해킹하다
  He hacked hundreds of other computers before he was arrested.
  그는 잡히기 전까지 수많은 컴퓨터를 해킹했어.

- **be used to+V** …하는데 이용되다
  A lawn mower is used to cut grass.
  잔디깎는 기계는 풀을 베는데 사용돼.

The picture represents a person phishing on the Internet. A person who phishes tries to trick people online into giving him their private information. This information is used to steal their identity, commit fraud, and allow the online criminal to gain money illegally.

사진은 인터넷 상에서 피싱을 하는 장면을 나타내고 있다. 피싱을 하는 사람은 온라인 상 사람들을 속여서 그들의 개인정보를 취득하려고 한다. 그 정보들은 신분을 훔치고, 사기치고 또 온라인 상의 범죄자들이 돈을 불법적으로 착취하는데 이용된다.

Words & Phrases

- **phish** 피싱을 하다
  The e-mails promising you'll make money are phishing scams.
  돈을 벌 수 있다고 약속하는 이메일들은 피싱사기이다.

- **trick sb into ~ing** …을 속여서 …하게 하다
  He tricked me into giving him my password.
  그는 나를 속여서 그에게 내 비번으로 주도록 했어.

- **commit fraud** 사기를 치다
  The stolen banking info was used to commit fraud.
  털린 은행 정보는 사기치는데 사용됐어.

The man is pressing the power button on his computer. This button can be used to turn the computer on and to shut it off. He has finished using the computer for today, so right now he is shutting it off. The computer's cpu is shutting down, and the screen will go blank until he turns it on again tomorrow.

남자는 컴퓨터의 파워버튼을 누르고 있다. 이 버튼을 이용해서 컴퓨터를 켜거나 끄는데 이용될 수 있다. 그는 오늘 컴퓨터 이용을 다해서 이제는 컴퓨터를 끄려고 한다. 컴퓨터의 CPU는 꺼지고 화면은 내일 다시 켜질 때까지 검은 화면으로 되어 있을 것이다.

Words & Phrases

- **turn on** …을 켜다(↔ turn off)
  You can't turn them on and off.
  넌 그것들을 껐다 켰다하면 안돼.

- **shut off** …을 끄다(= shut down)
  Do you think you can shut off the TV?
  너 TV를 꺼줄 수 있어?

- **go blank** 텅비다, 먹통이 되다
  The TV screen went blank.
  TV화면이 먹통이 됐어.

My favorite thing to do is read books. **I find it to** be very relaxing. Right now I am sitting in my bed, reading a short romance novel about a couple who lived a hundred years ago. Soon this reading will make me sleepy, and I will **lie down for a nap.**

내가 가장 좋아하는 것은 책을 읽는 것이다. 책을 읽으면 마음의 긴장이 많이 풀어진다. 지금 난 침대에 앉아서 백년 전에 살았던 부부에 관한 로맨틱 단편 소설을 읽고 있다. 책을 읽는 난 곧 졸음이 올 것이고 난 누워서 낮잠을 잘 것이다.

Words & Phrases

- **My favorite thing to do is+V** 내가 가장 좋아하는 것은 …하는 것이다
  My favorite thing to do is **binge watch new shows.**
  내가 좋아하는 일은 새로운 프로그램을 쉼없이 보는 것이다.

- **I found it to+V** …가 …하다고 생각하다
  I found it to **be an interesting discussion.**
  난 그게 흥미로운 토의였다고 생각했다.

- **lie down for a nap** 낮잠 자기 위해서 눕다
  Grandma was tired and decided to lie down for a nap.
  할머니는 피곤해서 낮잠 자기 위해 눕기로 하셨다.

SECTION CHAPTER
02-01-22

We paint pictures just for fun. My boyfriend and I attend painting workshops together in our free time so we can learn how to paint better. He likes to paint buildings and people. I like to paint flowers and natural settings. This is a hobby that we have been doing for a few years.

우리는 재미삼아 그림을 그린다. 남친과 나는 시간 나는 때에 함께 그림 워크샵에 참가해서 우리는 그림을 더 잘 그리는 방법을 배울 수 있다. 그는 건물들과 사람들을 그리는 것을 좋아한다. 난 꽃과 자연적인 모습들을 그리는 것을 좋아한다. 이는 우리가 몇 년째 하고 있는 취미생활이다.

Words & Phrases

- **just for fun** 재미삼아, 취미로
  We don't play cards for money, this is just for fun.
  우린 돈 때문에 카드를 하는게 아니라 재미삼아 하는거야.

- **learn how to+V** …하는 법을 배우다
  Learn how to hide your feelings!
  네 감정을 숨기는 걸 배워!

- **like to+V** …하는 것을 좋아하다
  I like to jog in the morning.
  난 아침에 조깅하는 걸 좋아해.

We enjoy watching films and TV shows on our TV at home. It's so comfortable to sit on our own sofa in casual clothes. We don't have to go out to have a good time. And if we decide we don't like what we're watching, we can turn on something else with the remote control.

우리는 집에서 TV로 영화나 TV쇼 보는 것을 즐겨한다. 편한 복장으로 우리 소파에서 앉아 있는 것은 매우 편하다. 좋은 시간을 보내기 위해서 외출할 필요는 없다. 그리고 우리가 보는 것이 재미없다고 생각하게 되면 우리는 리모컨을 이용해서 다른 것을 틀 수도 있다.

Words & Phrases

- **watch ~ on one's TV** TV로 …을 보다
  I like watching action movies on TV.
  TV에서 액션 영화 보는 걸 좋아해.

- **don't have to+V** …할 필요가 없다
  She doesn't have to come with us.
  걘 우리와 함께 갈 필요가 없어.

- **turn on** 돌리다, 바꾸다
  We better turn on the TV.
  TV를 켜야겠네.

I have been watching the TV show Game of Thrones in my free time. It's my favorite program. It's been on for eight seasons, and this is the final one. Game of Thrones is a fantasy series created by HBO. It has many interesting human characters, and also unusual creatures like dragons.

난 쉬는 시간에 TV쇼인 왕좌의 게임을 봤다. 그건 내가 제일 좋아하는 프로이다. 8시즌 동안 방송되었고 이번이 마지막이었다. 왕좌의 게임은 HBO가 만든 판타지 드라마이다. 그 안에는 아주 많은 흥미로운 인물들의 캐릭터가 나오고 또한 용과 같은 비현실적인 생명체도 나온다.

Words & Phrases

- ### watch the TV show TV쇼를 보다
  I've been watching the TV show about the family living in the wilderness.
  난 야생에 살고 있는 가족에 대한 TV 프로그램을 보고 있었어.

- ### be one's favorite program ···가 가장 좋아하는 프로그램이다
  That variety show is my favorite program.
  저 버라이어티 쇼가 내가 가장 좋아하는 프로야.

- ### be on for ~ seasons ···시즌동안 방송되다
  This sit-com has been on for five seasons.
  이 시트콤은 5시즌 동안 계속되고 있어.

We sometimes go out on the weekends to see a movie. This weekend we went to a movie that was in 3D. The theater gave us special glasses, which made things seem to jump off the movie screen. It was an interesting experience but we prefer regular movies.

우리는 종종 주말에 외출해서 영화를 본다. 이번 주말에 우리는 3D인 영화를 보러 갔다. 영화관에서는 우리에게 특수안경을 주었고 그 때문에 영화 속의 것들이 화면 밖으로 튀어 나오는 것처럼 보였다. 흥미로운 경험이었으나 우리는 일반적인 영화를 더 좋아한다.

Words & Phrases

- **go out to+V** 나가서 …을 하다
  Should we fix dinner or go out to eat?
  저녁을 준비해야 돼 아니면 외식할까?

- **go to a movie** 영화보러 가다
  Would you like to go to a movie?
  영화보러 갈래?

- **seem to+V** …하는 것처럼 보이다
  He seems to hate you.
  걔는 널 싫어하는 것 같아.

I like to listen to music on my wireless headphones. My smartphone can play any type of music that I want to hear. Some dance music has a good beat and it makes me feel happy. I think music can have a positive effect on our mood when we feel sad or have low energy.

난 무선 헤드폰으로 음악듣는 것을 좋아한다. 내 스마트폰에서 내가 듣고 싶어하는 무슨 음악이든 틀 수 있다. 어떤 댄스뮤직은 박자가 좋아서 날 기분좋게 해준다. 내 생각에 음악은 우리가 슬프고 맥이 빠져 있을 때 우리의 기분에 긍정적인 효과를 줄 수 있다.

Words & Phrases

- **listen to music** 음악을 듣다
  A lot of students listen to music while on the bus.
  많은 학생들이 버스에서 음악을 듣는다.

- **It makes me feel~** 그 때문에 기분이 …해진다
  It makes me feel great.
  그거 때문에 기분이 아주 좋아.

- **have a positive effect on~** …에 긍정적인 영향을 끼치다
  The elementary teacher has had a positive effect on her students.
  그 초등학교 선생님은 학생들에게 긍정적인 영향을 미쳤다.

We go out to play cards sometimes. My friend and I are senior citizens, and we get a little bit bored staying at home. We meet some of our other friends at an outdoor cafe and order drinks. Someone brings a deck of cards and we play all afternoon, just for fun.

우리는 가끔 나가서 카드를 친다. 내 친구와 난 나이가 든 사람들로 집에서 있을 때 좀 따분함을 느낀다. 우리는 야외 카페에서 다른 친구들과 만나서 음료를 주문한다. 누가 카드 한 질을 가지고 오고 우리는 재미삼아 오후내내 카드를 친다.

Words & Phrases

- **play cards** 카드게임을 하다
  We're playing cards. Want to join us?
  카드놀이 하려고 하는데. 같이 할래?

- **get bored** 따분하다, 지겹다
  I'm getting bored attending meetings.
  회의에 참석하는게 점점 지루해져.

- **a little bit** 약간, 조금
  I'm a little bit on edge because I quit smoking.
  담배를 끊었더니 약간 초조해져.

I have used a camera for many years. My hobby is traveling around and taking pictures of natural scenery. I am a little bit shy about showing people the pictures I've taken. I have made albums that consist of my favorite photos, but I usually only show them to my friends.

난 오랫동안 카메라를 이용해왔다. 내 취미는 두루두루 여행하면서 자연의 모습을 사진에 담는 것이다. 난 내가 찍은 사진들을 사람들에게 보여주는데 좀 쑥스럽다. 난 내가 맘에 드는 사진들만 담은 앨범을 만들었지만 보통 내 친구들에게만 보여준다.

Words & Phrases

- ### My hobby is ~ing 내 취미는 …하는 것이다
  My hobby is buying and selling things online.
  내 취미는 온라인으로 물건들을 사고 파는 것이다.

- ### take pictures of~ …의 사진을 찍다
  Can you take a picture of us?
  우리 사진 좀 찍어줄래요?

- ### I'm shy about ~ing 난 …하는데 쑥스러워하다
  You were never exactly shy about letting us know.
  넌 정말 전혀 꺼리지 않고 우리에게 말해줬어.

I go to the swimming pool every Saturday morning. My swimming instructor, Miss Thomas, gives me lessons. She is very patient and knows a lot about swimming techniques. She says I am going to be a strong swimmer in a few months.

난 매주 토요일 아침에 수영장에 간다. 내 수영 강사님이신 토마스 선생님이 내게 수영강습을 해주신다. 선생님은 매우 인내심이 있고 수영기술에 대해 많은 것을 알고 계신다. 선생님은 내가 몇 달 후면 아주 수영을 잘하는 사람이 될거라고 말하신다.

Words & Phrases

- **give sb lessons** …에게 강의하다, 수업을 하다
  He's giving a beautiful woman a tennis lesson.
  걘 아름다운 여인에게 테니스 수업을 해주고 있어.

- **know a lot of things about~** …에 대해 많은 것을 알고 있다
  You have to know a lot of things about life.
  넌 인생에 대해서 많은 것들을 알아야만 해.

- **be going to+V** …할 것이다, …가 될 것이다
  I'm going to quit. It's time I took my life back!
  그만둘거야. 내 인생을 되찾을 때인가봐!

I like bowling in my free time. There is a bowling alley close to my house. I was able to join a bowling league there, and my team competes against other teams. Usually we bowl on Wednesday nights. I have made many friends who like bowling too.

난 시간이 나면 볼링하는 것을 좋아한다. 집 가까이에 볼링장이 있다. 난 그곳 볼링경기 대회에 참가할 수가 있었고 우리 팀은 다른 팀들과 경쟁을 하고 있다. 보통 우리는 수요일 밤마다 볼링을 친다. 또한 볼링을 좋아하는 많은 친구들과 사귀었다.

Words & Phrases

- **I like ~ing** …하는 것을 좋아하다(I like to+V)
  I don't like doing the washing.
  세탁하는 걸 싫어해.

- **be able to+V** …할 수가 있다
  How soon will you be able to get here?
  언제쯤 여기에 도착할 수 있죠?

- **make friends** 친구를 사귀다, 만들다
  You have to make friends with him.
  넌 걔랑 친구해야 돼.

I was taught to fish by my father. He showed me many tricks to catch the biggest fish. My favorite thing to do during a vacation is to rent a boat on a lake and spend the day fishing. Sometimes I only catch a few fish, but I still love to eat them for supper.

난 아버지에게서 낚시를 배웠다. 아버지는 가장 큰 고기를 잡는 방법을 내게 알려주셨다. 내가 휴가 중에 가장 하고 싶은 것은 호수에서 보트를 렌트하여 낚시를 하면서 하루를 보내는 것이다. 가끔 난 몇 마리 밖에 잡지 못할 때가 있지만 그래도 그것들을 저녁으로 먹는 것을 아주 좋아한다.

Words & Phrases

- **I was taught to+V** …하는 것을 배우다
  I was taught to play poker by my best friend.
  내 절친한테서 포커치는 법을 배웠어.

- **spend ~ ~ing** …하면서 …을 보내다
  I want to spend time kissing and touching my girlfriend.
  난 여친과 함께 키스하고 애무하면서 시간을 보내고 싶어.

- **I love to+V** …하는 것을 아주 좋아하다
  I guess what I'm trying to say is I love to drive.
  내가 말하고자 하는 건 난 운전을 좋아한다는거야.

We hike during the fall and spring. In those seasons the weather is not too hot and not too cold. We like to put on backpacks and use our hiking sticks to go up into the mountains. There are many good paths that offer good views of the surrounding countryside.

우리는 가을과 봄에 하이킹을 한다. 그 두 계절에는 날씨가 너무 덥거나 너무 춥지도 않다. 우리는 백 팩을 매고 하이킹 지팡이를 이용해서 산을 탄다. 좋은 길들이 아주 많아서 주변 전원의 멋진 풍경을 볼 수 있다.

Words & Phrases

- **We like to+V** 우리는 …하는 것을 좋아하다
  Later in the day we like to drink wine.
  오후 늦은 시간에 우리는 와인 마시는걸 좋아해.

- **put on** …을 입다, 매다
  I put on my pajamas and got into bed.
  난 파자마를 입고 잠자리에 들었어.

- **offer good views of~** …의 멋진 풍경을 제공하다
  The hotel room offers good views of the ocean.
  그 호텔룸에서는 멋진 바다를 볼 수 있다.

We do a lot of tent camping. It can be romantic to be out in nature, near a warm campfire at night. We don't take a stove, so we cook our food over the fire. It gets cold sometimes, and we snuggle up in the tent when the fire has gone out.

우리는 텐트 캠핑을 많이 한다. 자연속에 나가서 밤에 따뜻한 캠프파이어 가까이에 있는 것은 낭만적이다. 우리는 스토브를 가져 가지 않기에 불에다 음식을 굽는다. 때로는 추울 때도 있고, 그리고 불이 꺼지고 나면 우리는 텐트에서 서로 부둥켜안는다.

Words & Phrases

- **do a lot of ~ing** …을 많이 한다
  I like computer games and I do a lot of chatting on the Internet.
  컴퓨터게임을 좋아하고 인터넷 상에서 채팅을 많이 해.

- **get cold** 추워지다
  My feet are getting cold.
  발이 차가워지고 있어.

- **snuggle up** 가까이 부둥켜안다
  On cold, wet days, we snuggle up in our bed.
  춥거나 습기 많은 날에는 우린 침대에서 부둥켜안고 있어.

I am a surfer. I have my own surfboard, and I like wearing a bikini and riding big waves out in the ocean. Some people in my family also surf, and they taught me how to do it when I was young. We go to the beach and spend the day living the surfer lifestyle.

난 서핑을 하는 사람이다. 난 내 서핑보드를 갖고 있고 비키니를 입고 바다에서 커다란 파도를 타는 것을 좋아한다. 가족 중에 서핑을 하는 사람이 있어 내가 어렸을 때 서핑하는 법을 알려줬다. 우리는 해변가에 가서 하루를 서핑하는 사람처럼 산다.

Words & Phrases

- **ride big waves** 큰 파도를 타다
  All surfers hope to ride big waves.
  파도타는 사람들은 모두 높은 파도를 타고 싶어해.

- **teach sb how to+V** …에게 …하는 법을 가르쳐주다
  I'm going to teach you how to fight.
  싸우는 법을 알려줄게.

- **spend the day ~ing** …하면서 하루를 보내다
  I'd like to spend the day working at the office.
  난 하루 종일 사무실에서 일하고 싶어.

I went skydiving for the first time last week. I was very nervous, so I did tandem skydiving instead of doing it alone. My instructor helped me, and it was very exciting. It's a dangerous sport, but I felt safe because I was doing it with a professional.

난 지난주에 난생 처음 스카이다이빙을 하러 갔다. 무척 떨려서 혼자 하는 대신에 두명이 하는 스카이다이빙을 했다. 내 강사선생님이 나를 도와줬고 매우 재미있었다. 이건 위험한 스포츠이지만 전문가와 함께 했기 때문에 안전하게 느꼈다.

Words & Phrases

- **go ~ing** …하러 가다
  Will you go grocery shopping for me?
  식품점에 좀 다녀와줄래?

- **instead of~** …하는 대신에
  Why are you talking to him instead of me?
  왜 나 대신 걔한테 말을 하는거야?

- **I feel safe because S+V** …이기 때문에 안전하게 느끼다
  I feel safe because my parents protect me.
  내 부모님이 날 보호하기 때문에 난 안전해.

SECTION CHAPTER
02-01-36

We got a new drone this summer that we can operate using a remote control. My dad **took me to** the beach so we could fly it together. We **had so much fun.** It was windy down near the water. The drone didn't fly very high, so **it was easy to** control.

우리는 리모컨으로 조정할 수 있는 새로운 드론을 이번 여름에 샀다. 아버지는 나를 데리고 해변가에 가서 우리는 함께 드론을 날릴 수가 있었다. 우리는 무척 재미있었고 바닷가에는 바람이 많이 불었다. 드론은 높이 날지 않아서 조종하기가 쉬웠다.

Words & Phrases

- **take sb to~** …을 데리고 …로 가다
  You're going to take everyone to your place as planned?
  계획대로 네 집으로 다 데려갈거야?

- **have so much fun** 재미가 많다
  You remember that Christmas we had much fun.
  우리가 재밌게 보낸 그 크리스마스 기억나?

- **It is easy to+V** …하는 것이 쉽다
  It's not gonna be easy to get ahead of him.
  걔보다 앞서기가 쉽지 않을거야.

Chapter 02

Vehicles & Homes

The two people are sitting in a car. The man is an instructor at a driving school. He is giving his student a driving test. The young woman looks very nervous. She wants to do a good job driving the car so that she will pass the test.

두 명이 한 차에 앉아 있다. 남자는 운전학원 강사이다. 그는 자기 학생의 운전시험을 치르게 하고 있다. 젊은 여자는 무척 긴장한 모습이다. 그녀는 운전을 잘해서 시험에 통과하기를 바라고 있다.

Words & Phrases

- **look nervous** 긴장해보이다
  You look like you are nervous.
  너 좀 초조해 보여.

- **do a good job ~ing** …을 잘하다
  Do a good job cleaning up the living room.
  거실을 깨끗이 잘 치워라.

- **pass the test** 시험에 합격하다
  I passed the test and got my license!
  시험에 붙어서 면허증을 땄어!

The family looks very excited. They are standing together with their arms raised. They are in a car dealership, looking at new cars to buy. It looks like they have found a car they think is good. Now they will have to find a salesman and make a deal to buy it.

가족은 매우 기분 좋아 보인다. 그들은 두 팔을 올린 채로 함께 서 있다. 그들은 자동차 대리점에 있으며 새로 살 자동차를 바라다보고 있다. 그들은 마음에 드는 차를 발견한 것 같다. 그들은 이제 영업자를 찾아서 구매거래를 해야 될 것이다.

Words & Phrases

- **It looks like S+V** …하는 것 같다
  It looks like you are feeling good today.
  너 오늘 기분 좋아 보여.

- **will have to+V** …해야 할 것이다
  You will have to run for 30 minutes.
  넌 30분간 달려야 돼.

- **make a deal to+V** …하는 거래를 하다, …하기로 거래하다
  Let's make a deal never to fight over it again.
  다시는 그 문제로 싸우지 않기로 하자.

The cars **are standing still** on a road in front of a traffic light. They **have pulled up to a line** that marks the beginning of the intersection. The drivers **are waiting for the red light to** turn green so they can start moving again.

차들이 교통신호등 앞 도로 위에 정지해있다. 그들은 교차로의 시작을 알리는 정지선에 차를 세웠다. 운전자들은 다시 앞으로 움직이기 위해서 빨간등이 파란등으로 바뀌기를 기다리고 있다.

Words & Phrases

- **stand still** 정지해있다
  Don't panic, just stand still.
  당황해하지 말고 그냥 가만히 있어.

- **pull up (to a line)** (선에) 차를 세우다, 정지시키다
  We saw Chris pull up in front of a hotel.
  크리스가 호텔 앞에 차를 세우는 걸 봤어.

- **wait for A to+V** A가 …하기를 기다리다
  We'll wait for you to get back before we start.
  네가 돌아오는거 기다렸다가 시작할게.

The woman is backing her car out of a garage and down a driveway. She is looking at a screen that uses a rear camera to show what is behind her. It is difficult to back up a car. Modern technology makes it easier to safely see people and objects that may be in the way.

여자는 차고에서 차를 빼서 드라이브웨이 밑으로 후진하고 있다. 그녀는 뒤에 뭐가 있는지를 알려주는 후방카메라 화면을 바라다보고 있다. 차를 후진하는 것은 어렵다. 현대기술 때문에 길을 막고 있는 사람이나 사물을 안전하게 보는 것이 더욱 쉬워졌다.

Words & Phrases

- **back (up)** 차를 후진하다
  You need to back up your car so it's out of the road.
  차를 도로 밖으로 빼내기 위해서 차를 후진해야 한다.

- **It is difficult to+V** …하는 것이 어렵다
  It's difficult to see where the campsite is.
  캠핑장이 어디인지 알아내는게 어려워.

- **be[get] in the way** 방해가 되다
  I don't want to get in the way.
  난 방해가 되고 싶지 않아.

The man is in his car. He looks upset, and is gesturing toward someone in another car. That person has cut in front of him, almost causing an accident. Driving in heavy traffic can be stressful, but it can be even worse when other drivers are being careless.

남자는 차안에 있는데 화가 나 보인다. 그리고 다른 차에 있는 누군가에게 손짓을 한다. 그 다른 차는 남자의 차 앞으로 거의 사고를 유발할 정도로 끼어들었다. 차가 막히는데 운전하는 것은 스트레스가 많이 쌓인다. 하지만 다른 운전자들이 부주의하게 운전을 하게 되면 더욱 상황이 나빠진다.

Words & Phrases

- **look upset** 화가 난 것처럼 보이다
  You are looking very sleepy today.
  너 오늘 되게 졸려 보여.

- **cause an accident** 사고를 유발하다
  The piece of wood in the road might cause an accident.
  도로의 나무조각은 사고를 일으킬 수도 있다.

- **It can be even worse when S+V** …할 때 상황이 더 나빠질 수도 있다
  It can be even worse when the weather turns bad.
  날씨가 나빠지면 상황이 더 나빠질 수도 있어.

The traffic cones are out in the street. They are marking an area where drivers can't take their cars. The area is temporarily closed off. A white arrow on a blue sign directs cars to a temporary traffic light. The drivers must wait for the opposing lane to be clear of cars before they can move forward.

교통 통제용 원뿔이 도로에 있다. 그것들은 운전자들이 차를 몰고 오지 못하도록 구역을 설정하고 있다. 그 구역은 임시로 차단됐다. 파란색 사인판의 하얀색의 화살표가 차들을 임시 교통신호등을 향하게 하고 있다. 운전자들은 그들이 앞으로 나아가기 전에 상대편 도로에서 차들이 오지 않기를 기다려야 한다.

Words & Phrases

- **be closed off** 차단되다
  The bridge was closed off because it wasn't safe.
  다리는 안전하지 않기 때문에 차단되었어.

- **be clear of~** …가 없다. …가 치워지다
  The runway must be clear of snow before planes can take off.
  활주로의 눈은 비행기 이륙전에 치워져야 한다.

- **move forward** 앞으로 나아가다
  Tell the driver to move forward into the parking space.
  운전자에게 주차장으로 직진하라고 말해.

SECTION CHAPTER
02-02-07

The man's hand is on his phone. He has turned on his GPS navigation to find map coordinates. This allows him to see which direction he needs to travel with his car. A GPS on a phone makes it easy for people who might otherwise get lost.

남자의 손이 핸드폰 위에 있다. 그는 지도상의 좌표를 찾기 위해 GPS 네비게이션을 켰다. 이것은 그가 어느 방향으로 차를 몰고 가야 되는지를 알게 해준다. 핸드폰의 GPS는 길을 잃을 지도 모르는 사람들에게 유용하다.

Words & Phrases

- **turn on** 켜다
  The show was finished by the time I turned on the TV.
  내가 TV를 켰을 때는 이미 그 프로그램은 끝났어.

- **This allows sb to+V** 이것으로 …는 …을 할 수 있다
  My laptop computer allows me to work at home and on the road.
  노트북 컴퓨터 덕분에 나는 집에서도, 여기저기 다니면서도 일을 할 수 있다.

- **make it easy** 편하게 해주다
  This new app on my phone makes it easy to text.
  내 폰의 이 새로운 어플로 난 문자를 쉽게 보내.

The video recorder is hanging on the car's windshield, recording the traffic on the highway. In Korea, these are called black boxes. They are useful to have because they can show who is at fault when there is an auto accident. They can also record what is happening even when the car is parked.

비디오녹화기가 차 앞유리창에 매달려 있고 하이웨이의 교통을 녹화하고 있다. 한국에서는 이것들을 블랙박스라고 한다. 블랙박스는 자동차 사고가 났을 때 누가 잘못인지 보여주기 때문에 차에 달고 있으면 유용하다. 심지어는 자동차가 주차되어 있는 중에도 무슨 일이 일어났는지를 녹화할 수도 있다.

Words & Phrases

- **be hanging on** …에 매달려 있다
  A new gold necklace is hanging on his neck.
  새로운 금목걸이가 걔 목에 걸려 있어.

- **be called~** …라고 불리다
  Do you know why this is called a toast?
  왜 건배라고 불리우는지 아니?

- **be at fault** …가 잘못이다
  I was at fault when the taxi hit my car.
  택시가 내 차를 쳤을 때 나의 과실였어.

The cars are traveling down the highway, and the two cameras are pointed at them. One camera is used to check the speed of the cars which are traveling. The other camera checks on traffic conditions. These cameras are also useful for police to track illegal activity.

차들이 하이웨이를 달리고 있다. 그리고 카메라 두대가 그 차들을 향하고 있다. 한 카메라는 이동하는 차들의 속도를 확인하는데 사용된다. 다른 카메라는 교통상황을 확인한다. 이런 카메라들은 또한 경찰이 불법행위를 추적하는데 유용하게 사용된다.

Words & Phrases

- **check on** …을 확인하다
  I came back to check on her to see if she was okay.
  난 걔가 괜찮은지 확인하려고 돌아왔어.

- **be useful for sb to+V** …가 …하는데 유용하다
  It was useful for me to live in a foreign country.
  내가 외국에서 산 경험은 유용했어.

- **track~** …을 추적하다
  How do they track the car?
  어떻게 차를 추적한거야?

The man is handing someone the key to his car. He works as a valet, and he parks cars for different customers and patrons. When a customer is ready, he calls the valet. The valet goes to the parking lot and brings the car out, so it is all ready for the customer to drive away.

남자는 차열쇠를 누군가에 주고 있다. 그는 대리주차요원으로 일하며 다른 손님들과 고객들을 위해 자동차를 주차한다. 고객이 준비가 되면 대리주차요원에게 연락한다. 대리주차요원은 주차장에 가서 차를 꺼내 온다. 그러면 고객이 운전해서 가는데 모든 준비가 끝난다.

Words & Phrases

- **hand** …을 건네주다
  The meter man wrote out a ticket and handed it to her.
  주차징수원이 티켓을 끊어서 그녀에게 건넸다.

- **work as~** …로 일하다
  I don't want to work as a rent-a-cop.
  난 청원경찰로 일하고 싶지 않아.

- **bring ~ out** 꺼내오다
  We brought her out of the streets and gave her a new life.
  우린 걜 거리에서 구해서 새로운 삶을 살게 해줬어.

02-02-11

The cars are parked in a parking lot. One of the cars is not between the lines in the lot. This is an example of bad parking. Some drivers don't consider others when they park. They just park wherever they want and cause problems for all of the other drivers.

자동차들이 주차장에 주차되어 있다. 그 차들 중 한 대는 주차장내 주차선 안에 있지 않다. 이것은 잘못된 주차의 한 예이다. 일부 운전자들은 주차할 때 다른 사람들을 고려하지 않는다. 그들은 자기 내키는 곳에 주차를 해서 다른 운전자들에게 문제를 일으킨다.

Words & Phrases

- **One of the~** …들 중 하나는
  One of the students will receive an award for the best grades.
  학생들 중 한명은 최고우등상을 받을거야.

- **This is an example of~** 이건 …하는 예이다
  This is an example of bad leadership.
  이건 나쁜 리더쉽의 예야.

- **cause problems for~** …에게 문제를 일으키다
  I wonder if the storm could cause problems.
  폭풍 때문에 문제가 생기지 않을지 모르겠어.

100 네이티브는 이렇게 말한다

The man and woman are sitting in a car. A policeman is standing next to the car, and he is writing a ticket. The man in the car was driving too fast and he got pulled over. He is getting a speeding ticket. Now he is going to have to pay a large fine and his car insurance rates will increase.

남녀가 차 안에 타고 있다. 한 경찰관이 차 옆에 서 있고 그는 교통딱지를 끊고 있다. 자동차 운전자는 과속을 해서 단속이 된 것이다. 그는 속도위반 딱지를 받게 된다. 이제 그는 많은 벌금을 내야 될 것이고 자동차 보험료는 오르게 될 것이다.

Words & Phrases

- **get pulled over** 단속에 걸려 차를 길가에 세우다
  I was once pulled over by police officers.
  난 한 번 단속에 걸린 적 있어.

- **be going to have to+V** …을 해야 될 것이다
  We're going to have to start all over again.
  우린 전부 다시 시작해야 될거야.

- **pay a fine** 벌금을 내다
  I have to pay a fine for speeding.
  속도위반으로 벌금내야 돼.

The young woman is sitting in her car and blowing into an electronic device. This device is called a breathalyzer. When someone is possibly drinking and driving, they can be given a breathalyzer test by the police to measure the content of alcohol in the blood, to see if they are intoxicated.

젊은 여자가 자기 차에 앉아서 한 전자기구를 입으로 불고 있다. 이 도구는 음주측정기라고 불리운다. 누군가 음주운전 가능성이 있을 때 경찰은 음주운전 테스트를 통하여 술에 취했는지 여부를 파악하기 위해 혈중알코올 농도를 측정하게 된다.

Words & Phrases

- **be drinking and driving** 음주운전하다
Andy was tossed in jail because he was drinking and driving.
앤디는 음주운전을 했어 구치소에 들어갔어.

- **be given ~ test** …테스트를 받다
The patient was given a blood test in the hospital.
환자는 병원에서 혈액테스트를 받았어.

- **to see if S+V** …인지 여부를 알기 위해
I'm going to see if I can get a room for the night.
오늘 밤 방이 있는지 확인해보려구요.

The woman is squatting by her car. She has taken a spare tire out of her trunk, so one of her tires must be flat. She doesn't know how to change a tire by herself, so she is calling for assistance. There are various companies, like AAA, that can be called to help motorists who are having problems with their vehicle.

여자가 자기 차 옆에 웅크리고 앉아 있다. 그녀는 타이어 중 하나가 펑크가 나서 트렁크에서 스페어 타이어를 꺼냈다. 그녀는 혼자서는 타이어 교체하는 법을 모르기 때문에 전화해서 도움을 요청한다. 자동차에 문제가 생겼을 때 운전자들이 도움을 청하기 위해 전화하는 AAA와 같은 회사가 다양하게 있다.

Words & Phrases

- **be squatting by** ···의 옆에 웅크리고 앉아 있다
  The old woman was squatting by the table, looking for her keys.
  노부인이 테이블 옆에 웅크리고 앉아서 열쇠를 바라다보고 있었어.

- **take~ out** ···을 꺼내다
  Can I help you take items out of the fridge?
  냉장고에 있는 것들 꺼내는거 도와줄까?

- **have problems with~** ···에 문제가 있다
  I've been having problems with my girlfriend.
  내 여친과 문제가 있어.

The woman is leaning on the fender, looking at her car's smoking engine. The car is stopped on the shoulder of the road. It broke down, and will not move. The woman lifted the hood, but couldn't find what was wrong with the car. She needs to call someone to help.

여자는 펜더에 기대고 있으며 자기 차의 연기나는 엔진을 보고 있다. 차는 갓길에 정지해있다. 자동차는 고장이 나서 움직이지 않는다. 그녀는 자동차 앞후드를 들어올렸지만 뭐가 문제인지 알 수가 없었다. 그녀는 누군가에게 전화해서 도움을 요청해야 한다.

Words & Phrases

- **the shoulder of the road** 갓길
  The bus was parked on the shoulder of the road for an hour.
  버스는 한 시간동안 도로 갓길에 주차해있었어.

- **break down** 차가 고장나다
  It's not my fault I'm late. The bus broke down.
  지각은 제 잘못이 아네요. 버스가 고장났었다구요.

- **find what's wrong with~** …에게 뭐가 잘못된지 알아내다
  I don't know what's wrong with her.
  걔한테 무슨 문제가 있는지 모르겠어.

The man is standing next to his car. He has had a breakdown, and he put up an orange reflective triangle to signal other drivers to be careful. He is also calling a car repair business to help him. He should move to the side of the road because he could be hit if he stays in the middle.

남자는 자기 차 옆에서 서 있다. 자동차가 퍼졌으며 다른 운전자들이 조심하도록 알리기 위해서 노란 색 반사 삼각대를 세워놓았다. 그는 또한 카센터회사에 전화해서 도움을 청하고 있다. 그는 도로 중앙 에 서 있으면 차에 치일 수도 있기 때문에 도로 가장자리로 이동해야 한다.

Words & Phrases

- **have a breakdown** 차가 고장나다, 퍼지다
  If you don't fix your car, you'll have a breakdown.
  차를 고치지 않으면 차가 퍼질거야.

- **put up** ⋯을 세우다
  We're going to put up a tent on the other side of the park.
  공원 반대편에 텐트를 칠거야.

- **signal sb to+V** ⋯에게 알려 ⋯하도록 하다
  Mark signaled me to stop talking.
  마크는 나보고 그만 얘기하라는 신호를 보냈어.

The people are in the road with two cars that have been damaged. They have had an accident while driving. The man is helping a woman who was injured during the wreck. The other woman is calling her insurance agent to report what has happened.

부숴진 두대의 차와 함께 사람들이 도로에 있다. 그들은 운전 중 교통사고를 당했다. 남자는 사고 중 부상을 입은 여성을 도와주고 있다. 다른 여성은 보험사에 무슨 일이 일어났는지 알려주기 위해 전화를 하고 있다.

Words & Phrases

- **have an accident** 교통사고를 당하다
  What I meant to say is I had an accident.
  내가 말하려고 했던건 내가 사고를 당했다는거야.

- **during the wreck** 사고중
  The front of the car was destroyed during the wreck.
  차 충돌 중 차 앞부분이 망가졌어.

- **call sb to report** …에게 전화해서 …을 알리다
  You'd better call a janitor to report the broken toilet.
  관리인에게 전화해서 화장실이 고장난 것을 알려라.

A man is holding a smart phone in his hands. He is taking pictures of an auto accident. The insurance company and the police will **need to know** who **is to blame for** the accident, and pictures will help them. The man doesn't want to be blamed because someone **ran into** the back of his truck.

남자는 두 손에 핸드폰을 들고 있다. 그는 자동차 사고 장면을 사진찍고 있다. 보험사와 경찰은 사고의 책임이 누구에게 있는지 알아야 할 것이고 그 사진들이 도움이 될 것이다. 그는 다른 운전자가 자기 트럭 뒤를 박았기 때문에 책임을 지고 싶어하지 않는다.

Words & Phrases

- **need to know~** …을 알아야 한다
  We need to know where he gets his car washed.
  걔가 차를 어디서 세차하는지 알아야 돼.

- **be to blame for~** …에 대해 책임이 있다
  You're not to blame for this, Chris.
  크리스, 이건 네 책임이 아냐.

- **run into~** …와 충돌하다, 들이박다
  The motorcyclist was hurt when he ran into the bus.
  오토바이 운전자는 버스와 충돌했을 때 부상을 당했다.

The BMW is on the side of the road. Flames are coming from under the hood and fenders because the engine is on fire. This is very dangerous, and the driver has left the area. In Korea, a number of people have reported unexplained BMW engine fires.

BMW가 도로가에 있다. 엔진에 화재가 났기 때문에 불길이 후드와 펜더 아래로부터 나오고 있다. 매우 위험한 상황이며 운전자는 그 자리에서 떠났다. 한국에서는 많은 BMW 운전자들이 원인을 알 수 없는 BMW의 엔진화재를 신고하였다.

Words & Phrases

- **come from~** …에서 나오다
  I didn't hear any noise coming from Mike's place last night.
  간밤에 마이크 집에서 무슨 소리가 나는 것을 못들었어.

- **be on fire** …가 불타고 있다, 화재이다
  You want me to set something on fire?
  나보고 뭔가 불지르라고?

- **leave the area** 그 자리에서 벗어나다, 떠나다
  The cops have told everyone to leave the area.
  경찰은 사람들 모두에게 그 지역에서 벗어나라고 했다.

The tow truck is towing a car with a smashed front end. There is a lot of snow on the ground. During winter storms, the roads get slippery and are dangerous to drive on. Drivers try to stop, but often keep sliding until they hit something in front of them. There are many more accidents when it snows.

견인트럭이 앞쪽이 박살난 자동차를 견인하고 있다. 바닥에는 많은 눈이 있다. 겨울폭풍 중에는 도로들은 미끄럽고 운전하기에 위험하다. 운전자들은 멈추려고 하지만 종종 미끄러져서 앞의 물체에 부딪힌다. 눈이 내리면 교통사고가 더 많아 진다.

Words & Phrases

- **tow a car** 차를 견인하다
  His car has a flat tire. He's waiting for a tow truck.
  걔 타이어가 펑크나서 견인차를 기다리고 있어.

- **get slippery** 미끄럽다
  The floor got slippery after the soapy water spilled on it.
  비눗물이 바닥에 떨어진 후에 바닥은 미끄러워졌다.

- **keep ~ing** 계속해서 …하다
  Stop saying that! Why do you keep saying that?
  그만 좀 얘기해! 왜 계속 그 얘기를 하는거야?

The tow truck is picking up a car that has broken down on a country road. The car will be taken to a mechanic to be repaired. There are two types of tow trucks. The older style uses a cable to pick up one end of a vehicle and pull it. This is a flatbed tow truck, and it carries the entire car without the need for pulling.

견인트럭이 시골길에서 고장난 차를 들어올렸다. 그 차는 정비소로 가서 수리가 될 것이다. 견인트럭은 두가지 종류가 있다. 예전에는 케이블을 이용해서 자동차의 한 쪽을 들어올려서 끄는 방식이었다. 위는 평상형 트럭이 자동차를 끌 필요없이 자동차 전체를 업어 나르는 것이다.

Words & Phrases

- **pick up** 들어올리다, 선택하다
  Can you pick up the pieces that were dropped?
  아래 떨어진 조각들을 들어 올려줄래?

- **be taken to~** …로 데려가지다, …로 이동시키다
  Make sure he is taken to jail as soon as possible.
  가능한 빨리 감옥에 확실히 넣도록 해.

- **carry** 나르다
  Let me make it up to you. I'll carry your stuff.
  내가 보상해줄게. 네 물건 날라줄게.

The man is looking at his car, and he is very upset. He parked his brand new car, and when he came back it had a dent and scratches. Now it doesn't look new anymore. Some parking spaces are very narrow. If people aren't careful, they damage the car that is next to them when they open their doors.

남자는 자기 자동차를 보는데 매우 화가 났다. 그는 새로 뽑은 차를 주차했는데 돌아와보니 차가 파이고 긁혀 있었다. 이제는 새차처럼 보이지 않는다. 일부 주차공간은 너무 좁다. 사람들이 조심하지 않으면 자신들의 차문을 열면서 옆에 있는 차에 손상을 입힌다.

Words & Phrases

- **brand new** 최신의
  Papa's got himself a brand new bag.
  아버지는 신상가방을 사셨어.

- **have a dent** 차가 파이다
  The car has a dent where the ball hit it.
  공이 차에 부딪히면서 차가 파였다.

- **damage the car** 차에 손상을 입히다
  My son damaged my new car.
  내 아들이 새로 산 차를 망가뜨렸어.

The man has a sponge in his hand and he's washing someone's car. The car has a lot of soapy bubbles on it. The man works at a car wash. It is more expensive to get a car hand washed versus machine washed, but the car will be cleaned better and look shinier when it is finished.

남자가 손에 스폰지를 쥐고서 다른 사람의 자동차를 씻고 있다. 자동차에는 많은 비누거품이 묻혀 있다. 그는 세차를 하고 있다. 자동기계세차에 비하면 손세차하는 것은 더 비싸지만, 세차를 하고 나면 더 깨끗해지고 더 반짝반짝 빛난다.

Words & Phrases

- **work at** …을 열심히 하다
  I worked at getting the job done.
  이 일을 끝내는데 열심히 했어.

- **It's more expensive to+V** …하는 것이 더 비싸다
  That's going to be expensive to buy.
  그건 사는데 비용이 많이 들거야.

- **get a car hand washed** 손세차를 하다
  I got the car hand washed because it is brand new.
  새 차여서 손세차를 했어.

The car is moving through an automatic car wash. An automatic car wash is controlled by a machine, and soapy water is sprayed on the car while spinning sponges remove dirt. An automatic car wash is cheaper to use than one that uses hand washing, but sometimes cars can be scratched during the process.

자동차가 자동기계 세차 속으로 들어가고 있다. 자동세차는 기계가 작동하며 회전하는 스폰지가 먼지를 털어내는 사이 비눗물이 자동차 위로 뿌려진다. 자동세차가 손세차보다 저렴하지만 세차 중 차가 긁힐 수도 있다.

Words & Phrases

- **move through** ···을 통해서 움직이다
  We moved through the exhibition hall.
  전시관 복도를 따라 우리는 움직였어.

- **be controlled by** ···에 의해 조종되다
  I'm sick of being controlled by both of you guys.
  너희 둘 모두에 통제당하는게 정말 짜증나.

- **be sprayed on** ···에 뿌려지다
  The cleaner was sprayed on before we began scrubbing.
  문질러 씻기 시작 전에 세정제가 위에 뿌려졌어.

The man and woman are standing in front of a house. The house is for sale. They are listening to a realtor tell them good things about it. The realtor will take them inside the house and show them around, to see if they are interested in buying it.

남녀가 한 집의 앞에 서 있다. 이 집은 매물로 나와 있다. 그들은 부동산 중개업자가 집에 대해 하는 칭찬의 말을 듣고 있다. 부동산 중개인은 그들이 집을 구매하는데 관심이 있는지 여부를 알기 위해 집 안으로 그들을 데리고 가서 주변을 둘러보게 할 것이다.

Words & Phrases

- **listen to sb+V** …가 …라고 말하는 것을 듣다
  He listened to his friend talk about her vacation.
  걔 자기 친구가 휴가에 대해 얘기하는 것을 들었어.

- **tell good things about~** …에 관해 좋은 말을 하다
  Pat told me good things about the club members.
  팻은 클럽 회원들에 관해 좋은 말을 해줬어.

- **show around** 주위를 구경시켜주다
  I'm going to show him around town.
  난 걔한테 시내를 구경시켜 줄거야.

The man is holding the top of a box down, and taping it. He will be moving to another apartment soon. He is packing all of his things so they can be carried easily. He will hire a company to load these boxes and other items in a truck and bring them to his new place.

남자가 손으로 박스 윗부분을 아래로 누르고 테이핑을 하고 있다. 그는 곧 다른 아파트로 이사할 것이다. 그는 쉽게 나를 수 있도록 자기 물건들을 포장하고 있다. 그는 이사업체를 선정해서 이 박스들과 다른 물건들을 트럭에 싣고 새로운 집으로 가져갈 것이다.

Words & Phrases

- **move to~** …로 이사가다
  I may have to move to Busan for my job.
  일 때문에 부산으로 이사가야 할지도 몰라.

- **load sth** …을 싣다
  Can you load the bags into the car's trunk?
  자동차 트렁크에 그 가방들을 실을 수 있겠어?

- **bring ~ to~** …을 …로 가져가다, 데려가다
  Why did you bring me to a hospital?
  왜 나를 병원으로 데려온거야?

The men are standing behind a truck, and holding a couch. There are many boxes stacked up beside them. The men are movers, and they are helping someone move to another house. They are loading everything in the truck, and they will unload it at the new house.

남자들이 트럭 뒤에 서 있으며 소파를 들고 있다. 그들 옆에는 많은 박스들이 쌓여져 있다. 남자들은 이사업체 사람들이며 그들은 누군가가 다른 집으로 이사하는 것을 도와주고 있다. 그들은 트럭에 모든 것을 싣고서 새로운 집에 그것들을 내려놓을 것이다.

Words & Phrases

- **be stacked up** …에 쌓여져 있다
  Your boxes are stacked up in the closet.
  네 박스들이 벽장에 쌓여져 있어.

- **help sb+V** …가 …하는 것을 돕다
  I'll help you fix your computer.
  네 컴퓨터 고치는거 도와줄게.

- **unload** 짐을 내리다, 풀다
  Do you need help unloading your car?
  차에서 짐내리는거 도와줄까?

The truck is driving down the highway. It is a U-Haul truck, which can be rented by people who **need to** move big loads. U-Haul is a company that has trucks and trailers of many sizes. A lot of people use U-Haul trucks when they are moving and they **don't want to** hire a moving company, **because U-Haul is cheaper.**

트럭이 고속도로를 타고 가고 있다. U-Haul이라는 트럭인데 이는 많은 짐을 옮겨야 되는 사람들이 렌트할 수 있는 것이다. U-Haul은 다양한 크기의 트럭과 트레일러를 보유하고 있는 회사이다. 많은 사람들이 이사하지만 이사업체를 이용하지 않을 때 U-Haul트럭을 이용한다. 비용이 더 저렴하기 때문이다.

Words & Phrases

- **need to+V** …하는 것이 필요하다
  I need to get back to work.
  나 다시 일하러 가야 돼.

- **don't want to+V** …하고 싶어하지 않다
  I don't want to hear you talk about this anymore.
  난 네가 더 이상 이거에 관해 얘기하는 걸 듣고 싶지 않아.

- **because S+V** …이기 때문에
  We are late because we got lost.
  길을 잃어서 늦었어.

The woman **is digging up** the soil in her back yard to plant flowers with a small shovel. She is wearing gloves to **protect her hands from** getting dirty. She **enjoys gardening** and plants new flowers every year. There are many different kinds of flowers in her garden.

여자가 꽃을 심기 위해 조그마한 삽으로 뒷마당에서 땅을 파고 있다. 그는 손이 더러워지는 것을 방지하기 위해 장갑을 끼고 있다. 그녀는 정원가꾸기를 즐겨하며 매년 새로운 꽃을 심는다. 그녀의 정원에는 다양한 종류의 꽃들이 있다.

Words & Phrases

- **dig up** 땅을 파다
  The dogs dug up the yard when they were outside.
  개들은 야외에 나왔을 때 땅을 팠다.

- **protect ~ from ~ing** …가 …해지는 것을 방지하다
  The case will protect your phone from breaking.
  이 케이스는 네 폰이 망가지지 않도록 보호할거야.

- **enjoy ~ing** 즐겨 …하다
  I don't enjoy being with you.
  너랑 있는 게 즐겁지 않아.

The woman is holding up one end of her sofa while she vacuums underneath it. She must have strong arms. She is wearing a white shirt and jeans so she is comfortable. Today is the day that she does her household chores, and she wants everything to be very clean.

여자가 소파의 한쪽을 들고서 그 밑에 진공청소기를 돌리고 있다. 그녀는 팔 힘이 좋은게 틀림없다. 그녀는 편하도록 하얀 셔츠와 청바지를 입고 있다. 오늘은 그녀가 집안 잔일을 하는 날이고 그녀는 모든 것이 다 깨끗해지기를 바란다.

Words & Phrases

- **hold up** 들어올리다
  Can you hold up the ring so I can see it?
  내가 볼 수 있도록 그 반지를 들어올릴 수 있어?

- **vacuum** 진공청소기로 청소하다
  I vacuum the rugs two or three times a week.
  난 일주일에 두 세번 진공청소기로 러그를 청소해.

- **want ~ to+V** …가 …하기를 바라다
  I want you to feel free to have fun while you're on vacation.
  휴가 때 마음편히 재미있게 보내기를 바래.

The woman is smiling, and stirring something in a pot in her kitchen. She is happy because she is cooking something good to eat. Soon her husband will be coming home from work. When he arrives, they can sit and eat together.

여자는 웃음을 짓고 있고 부엌에서 한 냄비 속의 뭔가를 휘젓고 있다. 그녀는 뭔가 먹을 맛있는 것을 요리하기 때문에 기뻐하고 있다. 곧 그녀의 남편이 퇴근해서 집으로 올 것이다. 그가 도착하면 그들은 함께 앉아서 식사를 할 것이다.

Words & Phrases

- **stir** 휘젓다
  You've got to stir the stew so it won't burn.
  스튜가 타지 않도록 휘저어야 돼.

- **cook** 요리하다, 요리사
  My wife loves to cook for our children.
  아내는 애들에게 요리해주는 걸 좋아해.

- **come home from work** 퇴근해서 집에 오다
  Every day he comes home from work around 6pm.
  매일 그는 오후 6시경에 퇴근해서 집에 온다.

The woman is putting the clothes into her washing machine.
She looks happy because she is smiling. The washing machine is
located in her kitchen. In about an hour, the laundry will be clean.
When it is dry, she will take it out, fold it, and put it away.

여자가 세탁기 안에 옷들을 집어넣고 있다. 웃음을 짓고 있어 기분이 좋아 보인다. 세탁기는 부엌에
놓여져있다. 한 시간 후에 세탁물은 깨끗해질 것이다. 세탁물이 마르면 그녀는 꺼내서 접어서 보관할
것이다.

Words & Phrases

- **put ~ into** …에 …을 넣다
  I put coins into the vending machine to get coffee.
  난 커피를 마시려고 자동판매기에 동전을 넣었어.

- **be located in~** …에 있다
  The printer is located in that room.
  프린터는 그 방에 있어.

- **take ~ out** …을 꺼내다
  Melinda took a pitcher of water out of the fridge.
  멜린다는 냉장고에서 물병을 꺼냈어.

The woman is in her bathroom, at the toilet. The toilet is clogged, and the water will not flush like it should. She is using a plunger to push the clog down the drain. When the clog is pushed out, the toilet will be able to drain normally.

여자는 화장실 변기 옆에 있다. 변기가 막혀서 평상시처럼 물이 내려가지를 않는다. 그녀는 플런저를 이용해서 막힌 곳을 배수구 밑으로 누른다. 막힌 곳이 잡아당겨질 때 화장실은 정상적으로 배수가 될 것이다.

Words & Phrases

- ### be clogged 막히다
  The toilet was clogged and overflowed onto the floor.
  변기가 막혀서 바닥으로 넘쳐 흘렀어.

- ### flush (변기) 물이 내려가다
  Someone must have flushed it down a toilet.
  누군가 틀림없이 그걸 변기에 내려버렸을거야.

- ### push down 밑으로 누르다
  Use this stick to push down the excess material.
  이 막대기를 이용해서 넘치는 재료들을 밑으로 눌러라.

The woman is standing next to the wall, touching the thermostat. She feels uncomfortable, and she wants the temperature to be cooler. When she lowers the temperature on the thermostat, the air conditioner will come on and cool the entire house. Then she will feel better.

여자는 벽 옆에 서서 온도조절장치를 만지고 있다. 그녀는 불편해서 온도를 좀 더 낮추기를 원한다. 그녀가 온도조절장치의 온도를 낮추게 되면 에어컨이 다시 돌아가서 집 전체를 시원하게 할 것이다. 그럼 그녀의 기분이 나아질 것이다.

Words & Phrases

- **feel uncomfortable** 편하지 않다
  I don't want anyone to feel uncomfortable.
  누구도 불편함을 느끼게 하고 싶지 않아.

- **lower** …을 낮추다
  Is there a possibility you could lower the price?
  가격을 낮추어줄 가능성이 있어요?

- **feel better** 기분이 좋아지다
  You are very good at helping patients feel better.
  환자들의 기분이 좋아지게 하는데 능력이 있어.

The woman is working in a dry cleaning shop. She has a tape measure around her neck. There are many clean clothes hanging on the rack behind her. Another woman is at the shop. She is a customer, and she is picking up her clothes that have been cleaned.

여자는 세탁소에서 일하고 있다. 그녀는 목에 줄자를 두르고 있다. 그녀 뒤 옷걸이에는 많은 깨끗한 옷들이 걸려져 있다. 다른 여성이 가게에 와 있다. 그녀는 고객이며 세탁이 다 된 자신의 옷들을 가져 가고 있다.

Words & Phrases

- **work in** …에서 일하다
  Is it difficult to work in an office all day?
  온종일 사무실에서 일하는게 힘들어?

- **hang on the rack** 옷걸이에 걸려져 있다
  My new shirts are already hanging on the rack.
  내 새 셔츠가 이미 옷걸이에 걸려 있어.

- **pick up** 찾다, 가져가다
  You need me to pick up some coffee?
  커피 좀 뽑아다줄까?

The lawn mower is mowing grass in a yard. The grass is quite high, and it is very wet when it is mowed. The person who is mowing the yard is wearing boots and old pants. He doesn't want to get grass on his nice clothes. He has been hired by the home owner to make the yard look nice.

잔디깎는 기계가 마당의 풀들을 깎고 있다. 풀들이 많이 자랐고 깎을 때는 많이 젖어 있다. 마당의 풀을 깎는 사람은 부츠와 낡은 바지를 입고 있다. 그는 풀들이 자신의 멋진 옷에 묻는 것을 원하지 않는다. 그는 집주인이 마당을 멋지게 보이도록 만들라고 고용한 사람이다.

Words & Phrases

- **mow the yard** 마당의 풀을 깎다
  When the grass is this high, you need to mow the yard.
  풀이 이 정도 자라면 마당풀을 깎아야 한다.

- **wear sth** …을 입고 있다
  I'll never forget the dress she was wearing.
  걔가 입었던 의상을 결코 못 잊을거야.

- **make ~ look (nice)** …을 (보기 좋)게 만들다
  You make cooking look very easy.
  넌 요리를 무척 쉬워 보이게 해.

The family is sitting together on a sofa. It is a mother, father, son and daughter. They are all watching TV together. The father is using the remote control to change the TV channel. He wants to find a program that his kids will enjoy.

가족들은 소파에 함께 앉아 있다. 엄마와 아빠, 아들 그리고 딸이다. 그들은 모두 함께 TV를 보고 있다. 아버지는 리모컨을 이용하여 TV채널을 바꾸고 있다. 그는 아이들이 좋아할 프로그램을 찾길 원한다.

Words & Phrases

- **watch TV** TV를 보다
  All I want is to sit down and watch TV.
  내가 바라는건 앉아서 TV를 보는거야.

- **change the TV channel** TV채널을 바꾸다
  The show was boring, so we changed the TV channel.
  이 프로는 지겨워서 TV채널을 바꿨어.

- **want to find~** …을 찾기를 원하다
  Don't you want to find out what happened?
  어떻게 되는지 알고 싶지 않아?

A young woman is sitting on a sofa in her home. She has a remote control in her hand, and she is switching on the air conditioner. It is summertime, and the weather is very hot. The air conditioner will cool the air and make it comfortable to stay inside today.

젊은 여성이 집의 소파에 앉아 있다. 손에는 리모컨을 들고 있다. 그리고 그녀는 에어컨을 켜고 있다. 여름이다. 날씨가 매우 덥다. 에어컨은 집을 시원하게 해줄 것이며 오늘 집안에 있는 것이 편안할 것이다.

Words & Phrases

- **switch on** ···을 켜다
  Have someone switch on the evening news.
  저녁뉴스 보게 스위치 돌리게 해.

- **make it comfortable to** ···하는 것을 아늑하게 해주다
  This sleeping bag will make it comfortable to go camping.
  이 슬리핑 백은 캠핑가는 것을 편하게 해줄거야.

- **stay inside** 외출하지 않고 안에 있다
  I want to stay inside, near the air conditioner.
  난 안에서 에어컨 가까이에 있고 싶어.

The man is looking at a letter in his hands. It is a bill that he didn't pay, and now he has gotten an overdue notice. He feels very stressed because he is short of money. He should have paid this bill a long time ago, but he already has a lot of other bills to pay.

남자가 손에 편지를 들고 바라다보고 있다. 아직 청구서를 내지 않아 그는 독촉장을 받은 것이다. 그는 돈이 부족하기 때문에 스트레스를 무척 받는다. 오래전에 이 청구서를 내야 했었는데 그러지 못했다. 하지만 그는 이미 내야 할 다른 청구서들이 많이 있다.

Words & Phrases

- **get an overdue notice** 독촉장을 받다
  We got an overdue notice for the electrical bill.
  우리는 전기세 독촉장을 받았어.

- **feel very stressed because~** …때문에 스트레스를 많이 받다
  He is probably feeling stressed because of this.
  걘 아마도 이것 때문에 스트레스를 받을지도 몰라.

- **be[fall] short of~** …이 부족하다
  We help people who fall short of cash.
  우린 돈이 부족한 사람들을 도와.

The family is gathered together in their living room. It is a man, his daughter, and his pregnant wife. The man is showing his daughter how to save money in a piggy bank. She is taking each coin and putting it in the bank. When the bank is full, she'll use the money to buy a new toy.

가족은 거실에 함께 모여 있다. 남자와 그의 딸. 그리고 그의 임신한 아내이다. 남자는 딸에게 돼지 저금통에 어떻게 돈을 저축하는지를 알려주고 있다. 딸은 동전을 하나씩 들고 그것을 저금통에 넣는다. 저금통이 꽉 차면 딸은 그 돈을 사용해서 새로운 장난감을 살 것이다.

Words & Phrases

- **gather together** 함께 모이다
  They gathered together at the park to celebrate.
  그들은 기념하기 위해 공원에 함께 모였어.

- **put sth in~** …을 …에 넣다
  I wasn't willing to take a risk so I put it in a bank.
  모험은 전혀 하기 싫어서 은행에 넣어두었어.

- **use the money to buy~** 그 돈을 이용해서 …을 사다
  Donna used the money to buy a new dress.
  도나는 그 돈을 이용해서 드레스 신상을 샀어.

The man and woman are lying in their bed. The man is sleeping, but the woman is still awake. She **is frustrated** because her husband's snoring **is keeping her up**. She **is trying to stop** his snoring by putting a clothespin on his nose.

남녀가 침대에 누워 있다. 남자는 잠을 자고 있고 여자는 아직 잠을 못자고 있다. 그녀는 남편의 코고는 소리에 잠을 못자 짜증이 난 상태이다. 그녀는 집게로 남편의 코를 집어서 코고는 소리를 멈추게 하려고 하고 있다.

Words & Phrases

- **be frustrated** 짜증나다
  I was frustrated with you! You talk too much!
  너 땜에 진이 빠졌어! 넌 말이 너무 많아!

- **keep sb up** …가 잠을 못자게 하다
  The noise from the street kept us up all night.
  거리의 소음 때문에 우리는 밤새 잠을 잘 수가 없었어.

- **be trying to stop~** …을 멈추게 하려고 하다
  The teacher was trying to stop his students from cheating.
  선생님은 학생들이 커닝을 못하도록 하려고 했어.

Chapter 03

Shopping & Travel

The woman is standing in a store, looking at the clothes that are hanging on the racks. She wants to look beautiful, so she likes trendy and fashionable clothing. She will buy some of these clothes and wear them when she goes out with her friends.

여자는 가게에 서서 옷걸이 선반 위에 걸려 있는 옷들을 바라다보고 있다. 그녀는 아름다워 보이고 싶어해 요즘 유행하는 옷을 좋아한다. 그녀는 이 옷들 중 일부를 사서 친구들과 외출시에 입을 것이다.

Words & Phrases

- **want to look~** ···하게 보이고 싶어하다
  I want to look as good as possible.
  가능한 한 좋게 보이고 싶어.

- **trendy** 유행하는
  Right now it is trendy to wear sunglasses.
  지금은 선글래스를 쓰는게 유행이야.

- **go out with~** ···와 함께 외출하다, ···와 데이트하다
  You should go out with us on Friday night.
  금요일 밤엔 우리랑 같이 나가자.

The man and the woman are standing at a counter in a department store. They have decided to buy something for their house. The man is handing the cashier a credit card to pay for the purchase. They both seem happy that they are buying something new.

남녀가 백화점의 한 계산대에 서 있다. 그들은 집에 쓸 뭔가를 사기로 결정했다. 남자는 구매한 물품 계산을 하기 위해 계산원에게 크레딧 카드를 건네주고 있다. 그들은 뭔가 새로운 물품을 구매해서 기 분이 좋아 보인다.

Words & Phrases

- **decide to+V** … 하기로 결정하다
  We decided to hold the festival outside.
  축제는 야외에서 열기로 했어요.

- **hand sb sth** … 에게 … 을 건네주다
  Please the hand the document to me.
  그 서류 내게 좀 줘.

- **pay for** … 에 대한 계산을 하다
  Did Harry make you pay for dinner?
  해리가 저녁값을 너에게 내게 했단 말야?

The two people are standing in a bookstore. The pretty girl is smiling and taking the man's credit card. He is going to buy the book in his hand and take it home to read. It is a big bookstore. There are many books behind them on the shelves.

두 명이 서점에 서 있다. 예쁜 여자가 미소를 지으며 남자의 신용카드를 받는다. 그는 손에 들은 책을 사서 집에 가져가 읽을 것이다. 대형 서점이다. 그들 뒤로 선반에 책들이 많이 있다.

Words & Phrases

- **be going to+V** …할 것이다
  I'm going to throw a party this Friday.
  이번 주 금요일에 파티를 열거야.

- **take sth home** 집에 가져가다
  I'm allowed to take stuff home to test it out.
  난 그걸 집에 가져가서 시험해 보도록 허락받았어.

- **There are many+N** 많은 …가 있다
  There are many things to think about.
  생각할 것들이 많이 있어.

The woman is holding a digital tablet in her hands. She is using the tablet to shop online. She wants to buy herself a new pair of shoes. She likes the red pair, but she is hesitant to buy them because there are other shoes she likes too. She has many pairs of shoes to choose from.

여자는 손에 태블릿을 들고 있다. 그녀는 태블릿을 이용해서 온라인 쇼핑을 하고 있다. 그녀는 새로운 구두를 사고 싶어 한다. 그녀는 빨간 구두를 좋아하지만 다른 구두도 마음에 들어서 주저하고 있다. 그녀에게는 선택할 수 있는 구두가 많이 있다.

Words & Phrases

- **hold ~ in one's hands** 두 손에 …을 들고 있다
  She is holding a pillow in her arms.
  걘 팔에 베개를 안고 있어.

- **buy oneself sth** …을 사다
  I can buy myself an ice-cream cone.
  난 아이스크림콘을 사서 먹을 수 있어.

- **be hesitant to+V** …하는데 주저하다
  I am hesitant to invest in the stock market.
  난 주식에 투자하는 것을 주저하고 있어.

The pretty young woman is in the aisle of a grocery store. She is going to pick up some food items to cook for dinner tonight. There are many different packages of food on the shelves. She wants to check the prices so she can get the best deal.

젊고 예쁜 여자가 식료품점 통로에 있다. 그녀는 오늘 저녁 식사로 요리할 식품들을 고르고 있다. 선반에는 다양한 많은 음식품들이 있다. 그녀는 가장 좋은 가격으로 사기 위해 가격을 확인하고 싶어한다.

Words & Phrases

- **pick up** 고르다, 사다
  I was planning to pick up some beer and snacks.
  맥주 조금하고 스낵을 살 생각이었어.

- **cook for dinner** 저녁식사용으로 요리하다
  I bought some spaghetti to cook for dinner.
  난 저녁 식사용으로 요리하기 위해 스파게티를 좀 샀어.

- **get the best deal** 가장 좋은 가격으로 사다
  The Internet is usually the place to get the best deal on something.
  인터넷은 보통 가장 싸게 물건을 살 수 있는 곳이다.

A young woman is holding a smart phone in her hand. She is looking at a close up view of groceries sold by an online store. Shopping has become much more convenient. She can buy these groceries and have them delivered to her house without visiting a regular grocery store.

젊은 여자가 손에 스마트폰을 들고 있다. 그녀는 온라인 마켓에서 팔리고 있는 식료품들을 확대해서 보고 있다. 쇼핑은 더욱 더 편리해졌다. 그녀는 오프라인 식료품점을 가지 않고서도 이런 식료품들을 사서 집으로 배달시킬 수 있다.

Words & Phrases

- **look at a close up view of~** …을 확대해서 보다
  Home buyers can look at a close up view of properties that are for sale.
  주택매수자들은 매물로 나온 부동산을 자세히 들여다 볼 수 있다.

- **have ~ delivered to~** …을 …로 배달시키다
  He had food delivered to the apartment.
  걘 아파트에 음식을 배달시켰어.

- **without ~ing** …하지 않고
  I didn't want to leave without saying thank you.
  너에게 감사하단 말도 없이 가고 싶지 않았어.

A group of people is waiting in line to pay for their items. They are in a GS25 convenience store in Seoul. GS25 is a popular store for people who need to buy something quickly. It is open all day and all night, so customers can come in at any time.

사람들이 자기가 고른 물건 값을 치루려고 줄을 서 있다. 그들은 서울의 한 GS25 편의점에 있다. GS25는 뭔가 물건을 빨리 사야하는 사람들에게 인기있는 가게이다. 24시간 가게 문을 열고 있어서 고객들은 어느 시간 때에도 올 수 있다.

Words & Phrases

- **wait in line** 줄서다
  I saw you standing in line.
  네가 줄 서 있는 걸 봤어.

- **be popular** 인기있다, 유행하다
  He still remains very popular.
  그 남자는 여전히 유명해.

- **at any time** 아무 때나
  The police may show up at any time.
  경찰이 금방 올거야.

SECTION CHAPTER
02-03-08

A man and a woman are seated at a table. It is an expensive restaurant, and the setting looks elegant. The waiter is dressed very formally. He wants to know if the couple is ready to order their food. The man looks cheerful, and he is reading the menu. He is hungry and will order a big meal.

남녀가 테이블에 앉아 있다. 가격이 비싼 레스토랑으로 셋팅이 우아하게 보인다. 웨이터는 정장을 차려 입었으며 남녀가 음식을 주문할 준비가 되었는지 알고 싶어 한다. 남자는 기분좋아 보이고 메뉴를 읽고 있다. 그는 배가 고프며 많은 음식을 주문할 것이다.

Words & Phrases

- **want to know if~** …한지 알고 싶어하다
  I want to know if she likes me.
  걔가 날 좋아하는지 알고 싶어.

- **be ready to+V** …할 준비가 되다
  You'll know when you're ready to come back.
  넌 언제 돌아올 준비가 되는지 알게 될거야.

- **order one's food** 음식을 주문하다
  Are you ready to order your food?
  주문하시겠어요?

The woman is standing in front of a fast food menu. She **is dressed like** a casual hipster. She will **be able to** order her food using the menu's touch screen. The touch screen is a popular type of electronic menu that **reduces the need for** workers in a restaurant.

여자가 패스트푸드 메뉴 앞에 서 있다. 그녀는 유행하는 캐주얼복을 입은 것처럼 보인다. 그녀는 메뉴의 터치스크린을 이용하여 음식을 주문할 수 있다. 이 터치스크린은 요즘 유행하는 무인기계주문기로 이로 인해 식당에서 필요한 근로자들의 수가 줄었다.

Words & Phrases

- **be dressed like~** ···처럼 옷을 입다
  How does he wait on tables dressed like that?
  어떻게 저렇게 입고 테이블 서빙을 한데?

- **be able to+V** ···할 수 있다
  We're going to be able to finish all this food.
  우린 이 음식들을 전부 다 먹을거야.

- **reduce the need for~** ···의 필요를 줄이다
  Robots that sweep will reduce the need for cleaning people.
  청소로봇이 청소부들의 필요성을 줄일 것이다.

The three pretty young women are standing in front of a food truck. They are hungry and they are ordering meatball sandwiches. The food truck is on a street next to a park. When the women get their food, they will walk over to the park and sit down to eat.

세 명의 아리따운 여자가 푸드트럭 앞에 서 있다. 그들은 배가 고파서 밋볼 샌드위치를 주문하고 있다. 푸드트럭은 공원 옆의 길가에 있다. 그들의 음식이 나오면 그들은 공원으로 걸어가서 앉아서 샌드위치를 먹을 것이다.

Words & Phrases

- **next to~** …의 옆에
  Who's the one standing next to him?
  걔 옆에 서있는 사람이 누구야?

- **get one's food** 음식이 나오다, 음식을 먹다
  We got our food at the new Vietnamese restaurant.
  우리는 새로 생긴 베트남 레스토랑에서 음식을 먹었어.

- **walk over to~** …로 향해 걸어가다
  Why don't you just walk over to that girl and ask her out?
  저 여자한테 가서 데이트 신청해보지 그래?

The three friends are sitting at a table in a restaurant. They look happy because they are smiling. The waitress has arrived and she is putting a glass of wine on the table. She will be serving them when they have ordered the food that they want.

세 명의 친구들이 식당의 한 테이블에 앉아 있다. 미소를 짓고 있는 걸로 봐서 기분들이 좋아보인다. 종업원이 와서 테이블에 와인잔을 놓는다. 그들이 원하는 음식을 주문하면 음식을 그들에게 서빙할 것이다.

Words & Phrases

- **look happy** 기분이 좋아보이다
  You don't look happy right now.
  넌 지금 행복해보이지 않아.

- **put ~ on~** …을 …위에 놓다
  I think I put it on the coffee table.
  커피테이블 위에 놓은 것 같아.

- **serve the food** 음식을 서빙하다(serve sb …에게 음식을 서빙하다)
  They will serve the food when everyone is seated.
  다들 앉으면 음식이 나올 것이다.

The person is using chopsticks to pick up noodles from a bowl. The noodles are very hot and steam is rising off of them. The food looks delicious and healthy. Because of the wood bowl, the chopsticks and the noodles, it is clear that an Asian meal is being eaten.

한 사람이 젓가락을 이용해서 그릇에 있는 국수를 들어올린다. 국수는 무척 뜨거워 김이 국수에서 올라 온다. 음식은 맛있고 건강식으로 보인다. 나무 그릇, 젓가락 그리고 국수를 볼 때 아시아 음식을 먹고 있다는 게 확실하다.

Words & Phrases

- **use chopsticks to~** 젓가락을 이용해 …하다
  Can you use chopsticks to eat your food?
  젓가락으로 음식을 먹을 수 있어?

- **rise off of~** …에서 올라오다
  Steam rose off the lake in the chilly morning.
  서늘한 아침 호수에서 김이 모락모락 올라왔다.

- **It is clear that S+V** …임은 틀림없다, 분명하다
  It's clear that we have to do something.
  뭔가를 해야만 한다는 건 분명해.

A young woman is sitting at a table alone, eating a meal. The food in front of her is sushi. It is not rare to eat alone in a restaurant. She is looking at her smartphone and smiling because her friend is messaging her. Even though she is sitting by herself, she does not feel lonely.

젊은 여성이 혼자 테이블에 앉아서 식사를 하고 있다. 그녀 앞에 놓여 있는 음식은 스시이다. 식당에서 홀로 먹는 것은 흔한 일이다. 그녀는 스마트폰을 보면서 미소를 짓고 있다. 그녀의 친구가 그녀에게 메시지를 보냈기 때문이다. 비록 혼자 앉아 있지만, 그녀는 혼자라는 느낌은 들지 않는다.

Words & Phrases

- **It's not rare to+V** …하는 것은 흔한 일이다
  It's not rare to see someone with pink or purple hair.
  머리색이 핑크색이거나 보라색인 사람을 보는 것은 드물지 않다.

- **eat alone** 혼자 식사하다
  I ate alone because my friends were busy.
  내 친구들이 바쁘기 때문에 혼자 식사를 했어.

- **message sb** …에게 메시지를 보내다
  You'd better message them to see if they are home.
  걔네들이 집에 있는지 메시지를 보내 확인해보도록 해.

The couple is sitting together in a restaurant. They look very happy together. They are celebrating something, because they have glasses of champagne in front of them, and the lights in the restaurant are very festive. The man is paying for the drinks using his credit card.

커플이 식당에 함께 앉아 있다. 그들은 함께 무척 기분이 좋아 보인다. 그들은 뭔가 기념을 하고 있다. 그들 앞에 샴페인 잔들이 있고 식당의 불빛은 축하하는 분위기이기 때문이다. 남자는 신용카드로 술값을 계산하고 있다.

Words & Phrases

- **sit together** 함께 앉아 있다
  What do you think? The girls sitting together at the bar.
  네 생각은 어때? 바에 함께 앉아 있는 여자들 말야.

- **celebrate sth** …을 기념하다
  My family doesn't celebrate that holiday.
  우리 가족은 그 날을 기념하지 않아.

- **pay for the drinks** 술값을 계산하다
  Chris wanted me to pay for the drinks.
  크리스는 내가 술값 내기를 바랬어.

The group of people is standing outdoors in a park. They look happy, and they are having fun. They decided to get together outside because it is such a nice day. First they will have a picnic, and then they will play some outdoor games.

한 그룹의 사람들이 공원에 서 있다. 그들은 행복해 보이고 재미있어 한다. 그들은 날씨가 무척 좋기 때문에 야외에서 만나기로 했다. 먼저 그들은 피크닉을 할 것이고 다음에는 야외게임을 할 것이다.

Words & Phrases

- **have fun** 재미가 있다
  Did you have fun with Chris?
  크리스하고 즐거웠어?

- **get together** 만나다, 모이다
  What do you say we get together for a drink?
  만나서 술한잔 하면 어때?

- **It's such a nice[good]+N** 무척 …하다
  You always have such a good attitude.
  넌 항상 아주 태도가 좋아.

The family is walking together in an airport terminal. Everyone is pulling their own luggage, even the children. They have just arrived at their destination, and they are very excited. They are going to exit the terminal and get a taxi to take them to their hotel.

가족이 공항터미널 안에서 함께 걸어가고 있다. 다들, 심지어는 아이들까지 자신들의 가방을 끌고 있다. 그들은 방금 목적지에 도착했고 들떠 있다. 그들은 터미널 출구로 나갈 것이며 택시를 타고 호텔로 갈 것이다.

Words & Phrases

- **pull one's own luggage** 자신의 가방을 끌다
  The kids pulled their own luggage into the hotel.
  아이들은 호텔 안으로 자기 수화물들을 끌고 들어왔다.

- **exit the terminal** 터미널을 빠져 나오다
  Passengers can exit the terminal near the luggage carousel.
  승객들은 수화물 컨베이어 벨트 옆으로 공항을 빠져나갈 수 있다.

- **get[take] a taxi** 택시를 타다
  I want to go downtown. Should I take a taxi?
  시내로 가고 싶은데. 택시를 타야 하나?

The young man is wearing a backpack, and he is standing in front
of a flight timetable at an airport. He needs to confirm that the
flight he is taking will depart on time. Today he is traveling alone,
but his friends will meet him when he arrives at the next airport.

젊은 남자가 백팩을 매고 공항의 비행시간표 앞에 서 있다. 그는 그가 탈 비행편이 제 시간에 출발하
는지 확인해야 한다. 오늘 그는 홀로 여행을 하지만 그의 친구들과 다음 공항에서 도착할 때 만날 것
이다.

Words & Phrases

- **wear a backpack** 백팩을 매다
  The scout was wearing a backpack during the hike.
  스카웃 단원은 하이킹 도중에 백팩을 메고 있었다.

- **need to confirm that~** …을 확인해야 한다
  I need to confirm that the repairman is coming.
  수리기사가 오는지 확인을 해야 돼.

- **depart on time** 제시간에 출발하다
  The conductor announced the train would depart on time.
  기차의 안내원은 기차가 제 시간에 출발할거라고 알렸다.

The people are standing in front of an airline counter. One man is smiling as he **talks to** the airline employee. They are all going to be traveling on airplanes. They must **have their baggage weighed** at the baggage check, **to make sure** it is under the airline's weight limit.

사람들이 항공사 카운터 앞에 서 있다. 한 남자가 항공사 직원과 얘기하면서 미소를 짓고 있다. 그들은 모두 비행기 여행을 할 것이다. 그들은 수화물 체킹하는 곳에서 항공사의 무게제한을 넘지 않는 것을 확인하기 위해 그들의 수화물 무게를 재야 한다.

Words & Phrases

- **talk to sb** …와 얘기를 나누고 있다
  What did you talk to Gail about?
  게일에게 무슨 얘기했어?

- **have~ weighed** …의 무게를 재다
  All passengers have their bags weighed at the check-in desk.
  모든 승객은 체크인 데스크에서 가방의 무게를 재야 한다.

- **to make sure S+V** …임을 확실히 하기 위해서
  I want to make sure you are doing a good job.
  네가 일을 잘 하는지 확인하고 싶어.

The two women are riding a bicycle together. They have a very happy look upon their faces. Because they are best friends, they decided to go on vacation together, and now they are enjoying being on the seaside promenade.

두 명의 여자가 함께 자전거를 타고 있다. 그들은 얼굴에 아주 기쁜 표정을 짓고 있다. 그들은 절친이기 때문에 함께 휴가를 가기로 했으며 이제 그들은 해변가 산책을 즐기고 있다.

Words & Phrases

- **ride a bicycle** 자전거를 타다
  It'll take you three or four months to learn how to ride a bike.
  자전거 배우는데 3, 4달 걸릴거야.

- **have a happy look upon one's face** 얼굴에 환한 미소를 짓다
  The old man had a happy look upon his face.
  그 노인은 얼굴에 행복한 표정을 짓고 있었다.

- **go on vacation** 휴가를 가다
  We'll be too busy to go on vacation.
  우리는 너무 바빠서 휴가를 갈 수가 없을거야.

The man is standing in front of an airline counter. He has his smart phone in his hand, and he is giving his passport to the airline employee. On his phone is an electronic flight ticket. This makes it easy for him to check in at the airport and then go on to board his flight.

남자는 항공사 카운터 앞에 서 있다. 손에는 스마트폰을 들고 항공사 직원에게 여권을 건네 주고 있다. 그의 핸드폰 화면에는 전자 비행티켓이 있다. 이는 그가 공항에서 체크인하고 계속해서 비행기를 타는 것을 아주 편하게 해준다.

Words & Phrases

- **This makes it easy for sb to+V** 이는 …가 …하는 것을 쉽게 해준다
  This makes it easy for her to **start studying.**
  이는 걔가 학습을 시작하는 것을 쉽게 해줘.

- **check in** 체크인하다, 공항에서 수속을 밟다, 가방을 맡기다
  He checked in **yesterday and paid with a credit card.**
  그 분은 어제 투숙했고 카드로 결제했어요.

- **board one's flight** 자신의 비행기를 타다
  The passengers boarded **one at a time.**
  승객들은 차례대로 탑승했다.

The woman is sitting in an airplane seat, eating a meal. She is in the middle of a long flight. The airline attendants brought everyone a meal because people get hungry while they travel. The flight will arrive at its destination in a few hours.

여자는 비행기 좌석에 앉아서 식사를 하고 있다. 그녀는 긴 비행을 하고 있는 중이다. 항공기 승무원은 비행을 하는 동안 배가 고프기 때문에 모두에게 음식을 가져다줬다. 비행기는 몇 시간 후에 목적지에 도착할 것이다.

Words & Phrases

- **eat a meal** 식사를 하다(cook a meal 요리하다)
  It takes time for her to cook a meal.
  걔가 요리를 하는데는 시간이 좀 걸려.

- **be in the middle of~** …하는 중이다
  Why did you leave in the middle of lunch?
  왜 점심먹다 말고 나간거야?

- **get[be] hungry** 배가 고프다
  If you're hungry, there are lots of leftovers.
  배고프면 음식남은거 많아.

The woman is sitting in a seat on an airplane. She is touching an LCD screen in front of her. The airline offers several movies to watch during the time they are in flight. The woman is going to watch a comedy, and she is wearing wireless headphones so she doesn't disturb other passengers.

여자는 비행기 좌석에 앉아 있다. 그녀는 자신의 앞에 있는 LCD화면을 터치하고 있다. 비행기는 사람들이 비행하는 동안 볼 영화 여러 편을 제공한다. 그녀는 코미디물을 볼 것이며 다른 승객들에게 방해가 되지 않도록 무선 헤드폰을 끼고 있다.

Words & Phrases

- **during the time S+V** …하는 동안에
  Help me out during the time I'm gone.
  내가 자리에 없는 동안 나 대신 일 좀 해줘.

- **wear wireless headphones** 무선 헤드폰을 끼고 있다
  I wear wireless headphones while riding the subway.
  난 지하철을 탈 때 무선 헤드폰을 껴.

- **disturb sb** …에게 방해가 되다
  I hope I haven't disturbed you.
  내가 방해하지 않았길 바래.

The young woman is talking to a young man. She is a tourist in Bangkok, Thailand. She needs to get directions to a stadium in the area. Many tourists ask local people for help when they are unable to find a place that they are looking for.

젊은 여성이 한 젊은 남자에게 얘기를 하고 있다. 그녀는 태국의 방콕을 여행하고 있다. 그녀는 그 지역의 운동장으로 가는 길을 알아야 한다. 많은 여행객들은 자신들이 찾는 장소를 찾을 수 없을 때 그 지역 사람들에게 도움을 요청한다.

Words & Phrases

- **get directions to~** …로 가는 길을 찾다
  They stopped to get directions to their conference room.
  그들은 회의장으로 가는 길을 잡기 위해 멈춰섰다.

- **ask sb for help** …에게 도움을 청하다
  Don't hesitate to ask us for help.
  주저말고 우리에게 도움을 청해.

- **look for~** …을 찾다
  You are too picky when looking for a guy.
  너 남자 고를 때 너무 까다롭더라.

The man is looking at a map on his smartphone. He is a tourist and he is not familiar with this area. His phone allows him to use a GPS and get directions to his destination in whatever city he is in. Because of technology like this, there's no need to ask other people for directions.

남자는 스마트폰 상의 지도를 보고 있다. 그는 여행객이어서 이 지역에 익숙하지 않다. 그의 폰은 그가 어떤 도시에 있던지 GPS를 이용해서 그가 목적지까지의 길을 찾게 해준다. 이런 기술 때문에, 다른 사람들에게 길을 물어볼 필요가 없어진다.

Words & Phrases

- **be familiar with** …에 익숙하다
  She's not familiar with the city.
  걘 이 도시가 낯설어.

- **allow sb to+V** …가 …하도록 해준다
  Please allow me to hang your coat up.
  내가 코트 걸어줄게.

- **There's no need to+V** …할 필요가 없다
  There's no need to call the cops.
  경찰을 부를 필요는 없어.

The family is riding in a rollercoaster together. The father and son look like they are enjoying the ride, but the daughter and mom look nervous. They are visiting a theme park today as part of their summer vacation.

가족은 함께 롤러코스터를 타고 있다. 아버지와 아들은 타는 것을 즐기는 것 같지만, 딸과 엄마는 긴장한 것처럼 보인다. 그들은 오늘 여름휴가의 일환으로 테마파크를 찾았다.

Words & Phrases

- **ride in a rollercoaster** 롤러코스터를 타다
  It feels scary to ride in a rollercoaster.
  롤러코스터를 타는 것은 두렵다.

- **look like S+V** …인 것처럼 보이다
  Susan looks like she's in good shape.
  수잔은 몸상태가 좋아 보여.

- **as a part of~** …의 일환으로
  Did you get fired as a part of budget cuts?
  예산삭감으로 잘렸니?

The woman is standing on the deck of a ship with her arms spread wide open. She is looking out at the ocean and seems very carefree. This is the first day of her vacation and she feels very good. She is traveling with other members of her family on the cruise ship.

여자는 두 팔을 넓게 벌리고 배의 갑판에 서 있다. 그녀는 바다를 향해 바라다보고 있으며 아무런 근심이 없어 보인다. 오늘은 그녀 휴가의 첫날로 그녀의 기분은 매우 좋다. 그녀는 크루즈 선박으로 가족 구성원들과 함께 여행을 하고 있다.

Words & Phrases

- **with~ wide open** …을 넓게 벌리고
  She ran to her boyfriend with her arms wide open.
  그녀는 두 팔을 짝 벌리고 남친에게 달려갔다.

- **look out at** …을 바라다보다
  We looked out at the people walking on the sidewalk.
  우리는 사람들이 보도에서 걷는 것을 바라다보았다.

- **seem carefree** 근심이 없어 보이다
  Although Neil seemed carefree, he was actually very worried.
  닐은 비록 근심없이 보였지만, 실제로는 걱정이 많았다.

The couple is riding together on a cable car. They are on vacation in San Francisco. Cable cars are a transportation system that many people use to commute in San Francisco, and they are also popular with tourists. This couple is riding downtown to visit various attractions.

커플이 함께 케이블 카를 타고 있다. 그들은 샌프란시스코에서 휴가를 보내고 있다. 케이블 카는 샌프란시스코에서 많은 사람들이 출퇴근할 때 사용하는 운송수단이다. 그리고 또한 여행객들에게 인기가 있다. 이 커플은 여러 여행지를 가기 위해 시내로 타고 가고 있다.

Words & Phrases

- **be on vacation** 휴가중이다
  I'll be on vacation starting next week.
  난 다음 주부터 휴가야.

- **use to commute** 출퇴근할 때 사용하다
  Buses are used to commute in most big cities.
  대부분의 대도시에서는 버스가 출퇴근용으로 사용된다.

- **visit various attractions** 여러 여행지를 방문하다
  We'll visit various attractions while we're in Beijing.
  우리는 베이징에 갈 때 여러 여행지를 방문할거야.

The large, white cruise ship is moving through the water, toward a large harbor. Many people are on board, enjoying a luxury vacation. As they look toward the shore, they can see a colorful sunset in the distance. It is a good time to be on deck, and a good time to take romantic photos.

하얀색의 대형 크루즈 선박이 대형 항구를 향하여 물살을 가르고 이동하고 있다. 많은 사람들이 배에 타고 있으며 호화스런 휴가를 즐기고 있다. 그들은 해변가를 향해 바라다볼 때 멀리 형형색색의 노을을 볼 수 있다. 갑판에 올라가기에 또한 낭만적인 사진을 찍기에 좋은 때이다.

Words & Phrases

- **be on board** (배를) 타고 있다
  The captain was on board when the accident occurred.
  선장은 사고가 일어났을 때 배를 타고 있었다.

- **in the distance** 멀리서
  Now we can see something in the distance.
  이제 멀리 뭔가를 볼 수가 있어.

- **be on deck** 갑판에 올라가다
  All sailors were on deck when the ship docked.
  배가 부두에 도착하자 모든 선원들은 갑판 위로 올라왔다.

SECTION CHAPTER
02-03-29

The man **is jumping off** the boat, into the ocean. Several women are sitting on the boat's deck, and two others are in an inflatable raft **shaped like** a flamingo. They **are all enjoying a nice summer day** together on the water.

남자가 보트에서 점프해서 바다로 뛰어든다. 몇몇 여자들은 보트 위에 앉아 있다. 다른 두 명은 홍학 모양의 부풀어 오른 튜브를 타고 있다. 그들은 모두 물에서 멋진 여름날을 즐겁게 보내고 있다.

Words & Phrases

- **jump off** …에서 뛰어 내리다
  He jumped off the bridge and into the river below.
  그는 다리에서 뛰어내려 아래 강으로 뛰어들었다.

- **shaped like~** …와 같은 모양의
  The pool was shaped like a kidney bean.
  풀장은 강낭콩 모양으로 생겼었다.

- **enjoy a nice summer day** 멋진 여름날을 즐기고 있다
  He enjoyed a nice summer day during the festival.
  걘 축제기간동안 멋진 여름날을 즐겼어.

Two women are relaxing in a pool at a private villa. It is summer, and they are in their swimsuits, floating around on inner tubes shaped like donuts. This is a special vacation for them. They are a mother and daughter, and they can enjoy spending some free time hanging out together.

두 명의 여자가 개인 빌라의 풀장에서 휴식을 취하고 있다. 여름이다. 그들은 수영복을 입고 도넛처럼 생긴 이너 튜브를 타고 물에 떠 있다. 그들에게는 특별한 휴가이다. 그들은 모녀지간으로 함께 시간을 보내면서 한가한 시간을 즐기며 보내고 있다.

Words & Phrases

- **relax** 휴식을 취하다
  Isn't this fun relaxing at home?
  집에서 쉬는게 재미있지 않아?

- **enjoy ~ing** …하는 것을 즐기다
  I enjoyed talking with you.
  너랑 얘기해서 즐거웠어.

- **hang out** 놀다, 시간을 보내다
  They are not people who I want to hang out with.
  걔들은 내가 함께 놀고픈 사람들이 아냐.

The couple is sitting on beach chairs, gazing out toward the ocean. In the distance they can see a cruise ship passing by. They are spending their winter vacation at a tropical resort. The weather is much warmer here than it is back where they live.

커플이 해변가 의자에 앉아서 바다를 향해 바라다보고 있다. 멀리 크루즈 선박이 지나가는 것이 보인다. 그들은 열대 휴양지에서 겨울 휴가를 보내고 있다. 날씨는 그들이 지내던 곳보다 훨씬 따뜻하다.

Words & Phrases

- **gaze out** 응시하다, 바라다보다
  Have you ever gazed out at an early sunrise?
  새벽 해돋이를 바라다 본 적이 있어?

- **see ~ ing** …가 …하는 것이 보이다
  I saw your mom looking out the window.
  난 네 엄마가 창문 밖을 쳐다보는 것을 봤어.

- **pass by** 지나가다
  Tom saw a woman pass by with a baby.
  탐은 한 여인이 아기를 데리고 지나가는 것을 봤어.

The couple is running together through a field. The father has his daughter on his shoulders. She is holding a kite. When she is moving fast enough, she will let the kite go. She hopes the wind will catch it and blow it up into the sky, while she holds onto the string. It's fun to fly kites with family members.

커플이 들판을 가로 질러 함께 달리고 있다. 딸은 아버지 어깨를 타고 있다. 그 딸은 연을 손에 쥐고 있으며 빨리 이동하게 될 때 그녀는 연을 날릴 것이다. 그녀는 자기가 끈을 쥐고 있는 동안 연이 바람을 타고 하늘로 날려가기를 바란다. 가족들과 함께 연을 날리는 것은 재미있다.

Words & Phrases

- **let ~ go** …을 가게 하다
  Don't let the keys go when I hand them to you.
  내가 열쇠를 너에게 주면 잘 놔둬.

- **blow up** 날아 올리다
  The plastic bag blew up into the air as the cars drove by.
  차들이 지나감에 따라 비닐봉지가 공중으로 날아 올라갔다.

- **It's fun to+V** …하는 것은 재미있다
  I think it'll be fun to travel to Europe.
  유럽 여행하는게 재미있을 것 같아.

Chapter 04

Love & Parties

The young man and woman are seated together at a table in a restaurant. They are on a date and they are both dressed nicely. First they are going to drink a glass of red wine. When they finish, they will summon a waiter and order their meals.

남녀가 레스토랑의 한 테이블에 함께 앉아 있다. 그들은 데이트 중이며 둘 다 옷을 멋지게 입었다. 먼저 그들은 붉은 와인 한 잔을 마실 것이다. 다 마시고 나면 그들은 웨이터를 불러서 음식을 주문할 것이다.

Words & Phrases

- **be on a date** 데이트 중이다, 데이트하다
  I haven't been on a date in seven months.
  7개 월 동안 데이트를 못해봤어.

- **be dressed nicely** 옷을 멋지게 입다
  Everyone attending the wedding was dressed nicely.
  결혼식에 참석한 사람들은 다들 옷을 멋지게 입었다.

- **drink a glass of~** …을 한 잔 마시다
  Would you like to drink a glass of juice with your meal?
  식사 때 주스 한 잔 마실래?

The two people are hugging each other. They are at a train station. The woman had to go away for several months, but today she returned. She and her boyfriend really missed each other. They are meeting after having spent a long time apart, so now they are very happy.

두 명이 서로 껴안고 있다. 그들은 기차역에 있다. 여자는 몇 달 동안 떨어져 있어야 했었고 오늘 다시 돌아온 것이다. 그녀와 남친은 정말 서로를 보고 싶어 했다. 그들은 오랫동안 떨어져 있다가 만나는 것이어서 지금 그들은 무척 기뻐하고 있다.

Words & Phrases

- **hug** 껴안다
  I hope you don't expect a hug.
  안아주길 바라는 건 아니겠지.

- **go away** 떨어져 있다
  We should go away for the weekend together.
  우리 함께 주말동안 떠나자.

- **miss** 보고 싶어하다
  I'm going to miss you so much.
  정말 보고 싶을거예요.

The couple is kissing over a tabletop. They are at an outdoor cafe that overlooks a romantic looking city. They look like they are in love. Their relationship is only a few weeks old, but they are still very happy when they spend time together.

커플이 테이블 위로 키스를 하고 있다. 낭만적인 도시전경이 내려다보이는 야외카페에 있다. 그들은 사랑에 빠진 것처럼 보인다. 그들의 관계는 단지 몇 주밖에 안됐지만 그들은 함께 시간을 보낼 때 매우 좋아한다.

Words & Phrases

- **be at a café** 카페에 있다
  We were at a café near the city's museums.
  우리는 시립 박물관 근처의 카페에 있었어.

- **They look like S+V** 그들은 …하는 것 같다
  You look like you had a rough day at the office.
  너 사무실에서 힘들었던 것 같아.

- **spend time together** 시간을 함께 보내다
  We can all spend some more time together.
  우린 서로 좀 더 많은 시간을 보낼 수 있어.

The young couple is French kissing, using their tongues. They are very intimate with each other. The man is touching the woman's neck in a tender way. They are lovers and feel passionate together. These kisses are the start of a romantic evening.

젊은 커플이 혀를 이용하는 프렌치 키스를 하고 있다. 그들은 서로 매우 친밀하다. 남자는 부드럽게 여자의 목을 만지고 있다. 그들은 연인이며 함께 매우 열정적이다. 이 키스는 낭만적인 저녁의 시작이다.

Words & Phrases

- **intimate** 친밀한, 성적으로 친밀한
  We're gonna get real intimate before you know it.
  우린 금세 정말 친밀해질거야.

- **in a ~ way** …하게
  I don't mean that in a bad way.
  나쁜 의미로 말하는거 아냐.

- **be the start of~** …의 시작이다
  Our first meeting was the start of a long lasting romance.
  우리의 첫 만남은 오래 지속된 로맨스의 시작이었어.

The couple is standing in front of a Christmas tree. The man has just given a present to his girlfriend. His girlfriend sees it is an expensive piece of jewelry, and she is very happy. The man feels good because he sees how much she likes his present.

커플이 크리스마스 트리 앞에 서 있다. 남자는 방금 여친에게 선물을 주었다. 여친은 그게 비싼 보석류라는 것을 알고 무척 기뻐하고 있다. 남자는 여친이 자기 선물을 무척 좋아하는 것을 보고 기분이 좋다.

Words & Phrases

- **stand in front of~** …의 앞에 서 있다
  Stand in front of the monument so I can take your picture.
  기념물 앞에 서. 내가 사진 찍어줄테니.

- **give a present to sb** …에게 선물을 주다
  Don't forget to get me a present.
  선물 사다 주는거 잊지마.

- **see how much sb likes sth** …가 얼마나 …을 좋아하는지 알다
  I know how much she likes chocolate.
  난 걔가 얼마나 초콜릿을 좋아하는지 알고 있어.

The man is sitting in a comfortable chair, looking at his phone. He is checking out a new dating app. He hopes that he can find a nice woman to take out on a date. If everything goes well, maybe he can find the right person that could be his wife sometime in the future.

남자는 편안한 의자에 앉아서 핸드폰을 보고 있다. 그는 새로운 데이팅 어플을 확인하고 있다. 그는 함께 데이트할 멋진 여성을 발견하기를 희망한다. 일이 잘 풀리면 그는 앞으로 언젠가 아내가 될 수도 있는 이상형을 발견할 수도 있을 것이다.

Words & Phrases

- **check out** 확인하다
  Let's check out the bargains at the department store.
  백화점에서 할인하는 상품들을 확인해보자.

- **take sb out on a date** 데이트에 …을 데리고 가다
  I heard that Chris asked you out on a date.
  크리스가 너에게 데이트 신청했다며.

- **If everything goes well,** 일이 잘 풀리면.
  If everything goes well, you'll be discharged from the hospital.
  일이 잘 풀리면, 병원에서 퇴원할거야.

A man and woman are dressed in formal clothing. The man is down on one knee, looking up at the woman, and holding an open jewelry box with a ring in it. The woman is looking at the man, and she appears to be both happy and surprised. It looks like this man has just asked the woman to marry him, and she is going to say yes to him.

남녀가 정장을 입고 있다. 남자는 한 무릎을 꿇고 여자를 바라다보고 있다. 안에 반지가 들어 있는 열린 보석상자를 손에 들고 있다. 여자는 남자를 바라다보고 있고 그녀는 기쁘고 동시에 놀란 것처럼 보인다. 이 남자는 방금 여자에게 청혼을 했고 그녀는 그에게 승낙을 할 것이다.

Words & Phrases

- **appear to+V** …인 것처럼 보이다
  I wondered why she appeared to be unhealthy.
  난 걔가 왜 그렇게 건강이 안좋게 보였는지 궁금해했어.

- **ask sb to+V** …에게 …해달라고 하다
  Why don't you ask him to help you?
  걔보고 좀 도와달라고 하지 그래.

- **say yes to sb** …에게 승낙하다
  I said yes to his party invitation.
  난 걔의 파티 초대에 승낙했어.

The man and woman are leaving a church. They are wearing special clothing. **It is an exciting day because** they **have just gotten married.** Their friends have gathered to **wish them well.** As the couple exits, their friends throw rice and confetti into the air as a sign of celebration.

두 남녀가 교회를 나서고 있다. 그들은 특별한 옷을 입고 있다. 그들은 방금 결혼을 했기 때문에 아주 흥분되는 날이다. 그들의 친구들은 모여서 행복을 빌어주었다. 커플이 나갈 때 그들의 친구들은 기념의 표시로 쌀과 색종이 조각을 공중에 뿌린다.

Words & Phrases

- **It's an exciting day because S+V** …이기 때문에 아주 좋은 날이다
  It's an exciting day because **we just graduated from college.**
  대학을 졸업하기 때문에 아주 흥분되는 날이야.

- **get married** 결혼하다
  I don't have time for this. I'm getting married now.
  이럴 시간 없어. 난 이제 결혼한다고.

- **wish sb well** 행복을 빌어주다
  We wished them well as they started their journey.
  우리는 걔들이 여행을 시작할 때 행운을 빌어줬어.

The car is going down the road with cans tied to the bumper. A new bride and groom are sitting inside. In the United States, it is a tradition to tie cans to the back of the car and write 'Just Married' on the windows of a newlywed couple's car.

자동차가 범퍼에 깡통을 매달고 도로를 달리고 있다. 신혼 부부가 안에 앉아 있다. 미국에선, 신혼부부의 차 뒤에 깡통을 매달고, 유리창에는 "Just Married"라고 쓰는 것이 전통이다.

Words & Phrases

- **go down the road** 길 따라 가다
  The garbage truck went down the road, picking up the trash.
  쓰레기 트럭이 길따라 가면서 쓰레기를 수거했어.

- **It's a tradition to+V** …하는 것이 전통이다
  It's a tradition of Halloween to dress up as a skeleton.
  해골의상을 입는 것은 할로윈 전통의 하나이다.

- **tie ~ to** …을 …에 매달다
  The worst thing she ever did was tie me to the porch.
  걔가 한 최악의 짓은 나를 현관에 묶어놓은 것이었어.

SECTION CHAPTER

02-04-10

The man and woman **are in bed together.** The man has no shirt, and the woman is wearing a bra. They are kissing and being passionate with each other. Their smiles indicate they **are enjoying themselves.** They are going to **take off** all of their clothes soon and have sex.

남녀가 함께 침대에 있다. 남자는 셔츠를 입지 않고 있고 여자는 브라자를 하고 있다. 그들은 키스를 하며 서로에게 열정적이다. 그들의 미소를 보면 그들이 즐기고 있음을 알 수 있다. 그들은 곧 옷을 다 벗고 섹스를 할 것이다.

Words & Phrases

- **be in bed together** 함께 침대에 있다
  I don't remember how we ended up in bed together.
  우리가 어떻게 침대에 함께 있게 됐는지 기억이 안나.

- **enjoy oneself** 즐기다
  I enjoyed myself very much.
  무척 즐거웠어.

- **take off** 옷을 벗다
  I'd be more than happy to take off your clothes.
  네 옷을 벗길 수 있다면 더없이 기쁘겠어.

The young couple is peacefully sleeping in their bed. The man is embracing his wife while they sleep. This is known as spooning, because they fit together like two spoons. It's nice to spend the morning holding the person you love.

젊은 부부가 평화롭게 침대에 누워 자고 있다. 남자는 자는 동안 아내를 안고 있다. 이 모습은 마치 두 개의 숟가락이 겹쳐 있는 것 같아 수푸닝이라고 알려져 있다. 사랑하는 사람을 안고서 아침을 보내는 것은 멋진 일이다.

Words & Phrases

- **embrace sb** …을 껴안다
  He embraced the friends that he hadn't seen in years.
  걔는 오랫동안 보지 못했던 친구들을 껴안았어.

- **This is known as~** 이것은 …라고 알려져 있다
  This is known as the biggest shopping mall in America.
  이 곳은 미국에서 가장 큰 쇼핑몰로 알려져 있어.

- **fit together** 서로 잘 맞다
  The cups fit together so they can be stored easily.
  그 컵들은 쉽게 보관되도록 서로 잘 맞았다.

The man and woman are embracing. The woman feels happy and has a big smile on her face. She is holding a pregnancy test stick in her hand. A woman can pee on this stick and it will turn a specific color if she is pregnant. She wanted to get pregnant and she is very excited to find out that has happened.

남녀가 서로 안고 있다. 여자는 기뻐하면서 얼굴에 환한 미소를 띄고 있다. 그녀는 한 손에 임신테스트기를 쥐고 있다. 여자는 테스트기에 소변을 누고 만약 임신이라면 그것은 특정 색깔로 변하게 된다. 그녀는 임신하기를 원했기에 임신사실을 알고 무척 기뻐하고 있다.

Words & Phrases

- **have a big smile on one's face** 얼굴에 환한 미소를 짓다
  Randy had a big smile on his face after his date.
  랜디는 데이트 후에 얼굴에 환한 미소를 지었어.

- **get pregnant** 임신하다
  We tried for years to get pregnant.
  우린 수년동안 임신하려고 노력했어.

- **be excited to find out~** …을 알고 무척 기뻐하다
  I was excited to find out I won the contest.
  난 내가 경연대회에서 우승한 것을 알고 무척 기뻐했어.

The man has his ear to his pregnant wife's belly. She is going to give birth in a month or so. He is listening carefully because he wants to hear if the baby is moving around. He will be a good father when his child is born.

남자는 임신한 아내의 배에 귀를 대고 있다. 그녀는 한 두달 정도 있으면 출산을 할 것이다. 그는 아기가 움직이는 소리를 듣고 싶어서 자세히 귀기울여 듣고 있다. 아이가 태어나면 그는 좋은 아빠가 될 것이다.

Words & Phrases

- **have one's ear to~** ···에 귀를 갖다 대다
  I had my ear to the door, but I didn't hear them talking.
  난 문에 귀를 갖다 댔지만, 걔들이 말하는 것을 듣지 못했어.

- **give birth** 출산하다
  You and Jill will give birth to a very smart baby.
  너와 질은 영리한 애를 낳을거야.

- **want to hear if~** ···을 듣고 싶어하다
  I want to hear if they are still standing outside.
  아직도 걔들이 밖에 서 있는지 듣고 싶어.

The three women are sitting on exercise balls. They are pregnant, but they still want to stay in shape. They have joined a health club and go several times a week to work out. Although their exercise is mild, it is still good for them and will help their unborn children be healthy too.

세 명의 여자가 운동용 볼 위에 앉아 있다. 그들은 임산부이지만 여전히 몸상태를 멋지게 유지하고 싶어한다. 그들은 헬스클럽에 가입했으며 운동하기 위해 일주일에 여러 번 간다. 그들의 운동은 약하지만, 그래도 그들에게 좋으며 태어나지 않은 아이들의 건강에도 도움이 될 것이다.

Words & Phrases

- **stay in shape** 좋은 몸 상태를 유지하다
  Did she work out, stay in shape?
  걔 운동한거야, 몸매유지하려고?

- **join a health club** 헬스클럽에 가입하다, 등록하다
  That's a good point. Why don't we join a health club?
  맞는 말이야. 헬스클럽 다니자.

- **work out** 운동하다
  Can you believe that your father's working out?
  네 아빠가 운동을 하고 있다는게 믿겨져?

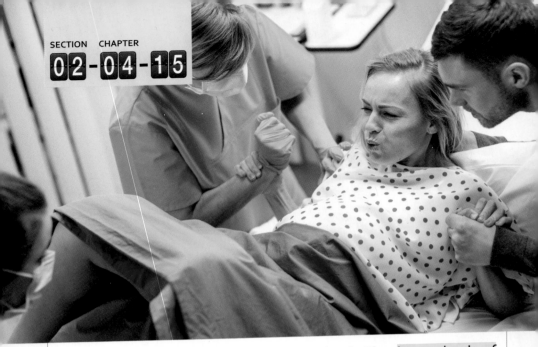

The woman is lying on a hospital bed. She has a look of concentration on her face. She is in the middle of having a baby, and she is controlling her breath in order to push the baby out. Several doctors are assisting her, and her husband is by her side to encourage her through the difficult time.

여자는 병원침대 위에 누워 있다. 그녀는 얼굴에 집중을 하고 있는 모습이다. 그녀는 출산을 하는 중이며 아이를 밀어내기 위해 숨을 조절하고 있다. 몇몇 의사들이 그녀를 도와주고 있으며, 남편은 그녀 옆에서 힘든 시간을 보내고 있는 그녀를 격려하고 있다.

Words & Phrases

- **have a look of~ (on one's face)** ···한 표정을 짓다
  He had a look of pain on his face after falling down.
  걔는 넘어진 후에 얼굴에 고통스런 표정을 지었다.

- **push ~ out** 내밀다
  They pushed the drunk guests out of the lobby.
  그들은 로비 밖으로 술취한 손님들을 내밀었다.

- **encourage sb** ···을 격려하다
  She wanted to quit the race, but we encouraged her to keep running.
  걘 경주를 포기하려고 했지만 우리는 계속 달리라고 격려했어.

The couple is sitting on a sofa in their house. Both people are talking loudly. They are having a serious argument about something. Most couples have problems at times in their relationships. They need to learn to understand each other so that things can calm down.

커플이 집의 소파에 앉아 있다. 둘은 큰 소리로 이야기를 나누고 있다. 그들은 뭔가에 대해 아주 심하게 다투고 있다. 모든 커플들은 관계를 맺고 있을 때 종종 문제들이 생긴다. 그들은 상황이 진정되도록 서로를 이해하는 법을 배우는 것이 필요하다.

Words & Phrases

- **have a serious argument about~** …에 대해 심하게 다투다
  They had a serious argument about whether or not to get married.
  걔들은 결혼여부를 놓고 심각하게 다투었어.

- **need to learn to+V** …하는 법을 배우는 것이 필요하다
  You need to learn to stand on your own.
  스스로 독립하는 것을 배워야 돼.

- **calm down** 침착하다, 차분해지다
  You should wait and see if things calm down.
  상황이 진정될지 지켜봐야 돼.

The man is looking back at a woman he thinks is attractive. His girlfriend is beside him, and she is disgusted by his behavior. She doesn't want him looking at other women. It's very disrespectful. If he continues to do this, they are going to break up.

남자는 자기가 매력적이라고 생각하는 여자를 뒤돌아보고 있다. 그의 여친은 옆에 있는데 그의 행동에 역겨워한다. 그녀는 남친이 다른 여자들을 쳐다보지 않기를 원한다. 그건 무척 무례한 짓이며, 그가 계속 이렇게 행동한다면 그들은 헤어질 것이다.

Words & Phrases

- **be disgusted by** …을 역겨워하다
  I was disgusted by the bad smell in the fridge.
  난 냉장고의 악취 때문에 역겨웠어.

- **continue to+V** 계속해서 …하다
  I don't believe it. I think it will continue to be bad.
  사실이 아닐 걸. 계속 나쁠거야.

- **break up (with)** …와 헤어지다
  I thought you were going to break up with him.
  난 네가 걔랑 헤어지는 줄 알았어.

The couple is sitting on a sofa. The woman has found women's underwear that aren't hers. She is very angry because it is evidence that her husband has been cheating on her with other women. Her husband is trying to deny it, but she knows that he has been unfaithful.

커플이 소파에 앉아 있다. 여자는 자기 것이 아닌 여성 속옷을 발견했다. 그녀는 그의 남편이 다른 여자들과 바람을 폈다는 증거이기 때문에 화가 무척 났다. 그녀의 남편은 부정하려고 하지만 그녀는 그가 바람을 폈다는 것을 알고 있다.

Words & Phrases

- **be angry because~** …하기 때문에 화가 나다
  The customer is angry because his product didn't arrive.
  고객이 자기가 주문한 제품이 도착하지 않았다고 화가 났어.

- **cheat on sb with~** …을 속이고 …와 바람피다
  I'm sorry I cheated on you with her.
  너 몰래 걔랑 바람펴서 미안해.

- **know that S+V** …을 알고 있다
  Please stop. I know that you're lying to me.
  그만둬. 너 거짓말하는거 알아.

The young couple is sitting on a couch in an office. They both look deeply unhappy. They are talking to a marriage counselor about problems they have been having. The counselor will listen and then offer advice on how to improve their relationship.

젊은 커플이 사무실 소파에 앉아 있다. 그들은 매우 불행해 보인다. 그들은 결혼 상담사에게 그들이 가지고 있는 문제에 대해 얘기하고 있다. 결혼 상담사는 귀기울여 들을 것이며 그런 다음 그들의 관계를 어떻게 좋아지게 할 것인가에 대해 조언을 해줄 것이다.

Words & Phrases

- ### sit on a couch 소파에 앉다
  Just sit on the couch until we are finished.
  우리가 끝날 때까지 소파에 앉아 있어.

- ### talk to sb about~ …에 관해서 …에게 얘기하다
  I'd like to talk to you about this tomorrow morning.
  내일 아침 이 문제로 너와 얘기나누고 싶어.

- ### offer advice on how to+V 어떻게 …할지에 관해 조언을 하다
  The investor offered advice on how to get rich.
  투자가는 부자되는 법에 관한 조언을 해줬어.

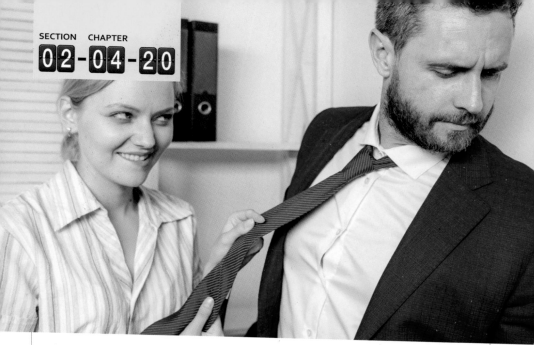

The two people are working in an office setting. As the man tries to leave, the woman grasps his tie. She is very attracted to him, and is trying to seduce him. In most cases of sexual harassment, the male comes on to the female, but sometimes a woman will sexually harass a man.

두 명이 사무실 같은 곳에서 일을 하고 있다. 남자가 나가려고 하자, 여자는 그의 넥타이를 손으로 잡는다. 그녀는 그에게 무척 끌려서 그를 유혹하려고 한다. 대부분의 성희롱의 경우에서, 남자가 여성에게 치근대지만 가끔은 여자가 성적으로 남자를 괴롭히기도 한다.

Words & Phrases

- **be attracted to sb** …에게 끌리다
  It's natural that they were attracted to each other.
  걔네들이 서로에게 끌리는 것은 당연하네.

- **in most cases of~** 모든 …의 경우에서
  In most cases of the flu, the person has to stay in bed for days.
  대부분의 독감의 경우, 환자는 며칠동안 침대에 누워있어야 해.

- **come on to~** …에게 추근대다
  In my defense, the cleaning lady came on to me!
  내 변명을 하면 여자 청소부가 나를 유혹했다고!

The young couple is lying in bed together. They don't have clothes on, and they were trying to have sex. The man had a problem getting an erection, and now he is embarrassed and frustrated. The woman feels bad, but she is telling him not to worry about it.

젊은 부부가 침대에 나란히 누워 있다. 그들은 옷을 입지 않고 있으며 섹스를 하려고 했었다. 남자는 발기하는데 문제가 있었고 이제 그는 당황해하며 좌절하고 있다. 여자의 기분도 좋지 않지만 그녀는 걱정하지 말라고 말한다.

Words & Phrases

- **have a problem ~ing** …하는데 문제가 있다
  How long have you had a problem sleeping?
  얼마동안 수면장애를 겪고 있는데?

- **get an erection** 발기하다
  Some men take Viagra if they can't get an erection.
  사람들 일부는 발기가 되지 않아 비아그라를 먹어.

- **worry about~** …을 걱정하다
  Don't worry about it. You'll make it through.
  걱정마. 넌 잘 견뎌낼거야.

The young couple is at the doorway of their home. They look happy. They **are inviting guests in to** visit them. Their home is clean and has nice new furniture. They **are proud to show people they know around.**

젊은 부부가 그들 집의 출입구에 있다. 그는 기뻐하고 있다. 그들은 자기 집에 오라고 손님들을 초대하고 있다. 그들의 집은 깨끗하고 새롭고 멋진 가구들이 비치되어 있다. 그들은 자기가 아는 사람들에게 구경시켜 주는데 자부심을 느끼고 있다.

Words & Phrases

- **invite sb in to~** …하라고 초대하다
  She invited me in to have a drink.
  걔는 들어와서 한 잔 하라고 초대했어.

- **be proud to+V** …하는데 자부심을 느끼다, 자랑스럽다
  I'm proud to see my son getting good grades.
  내 아들이 좋은 성적을 받아서 자랑스러워.

- **show sb around** …에게 주변을 구경시켜주다
  You have no need to show me around.
  넌 날 구경시켜줄 필요가 없어.

The group of teenage girls is standing together to get their photo taken. They are dressed formally to attend their school's prom. Everyone looks very festive. The girl with the green dress is wearing a crown. She has been named this year's prom queen.

몇 명의 십대소녀들이 사진을 찍기 위해서 함께 서 있다. 그들은 정장을 입고 학교 프롬파티에 참석했다. 다들 표정이 흥겨워 보인다. 초록색 드레스를 입은 소녀가 왕관을 쓰고 있다. 그녀는 올해의 프롬 퀸으로 선정되었다.

Words & Phrases

- **get one's photo taken** 사진을 찍다
  You can get your photo taken with celebrities.
  넌 유명인들과 사진을 함께 찍을 수 있어.

- **attend the prom** 프롬파티에 참석하다
  Have any boys asked you to attend the prom?
  프롬파티에 같이 가고 요청한 남자가 있었니?

- **be named~** …로 지명되다, 선정되다
  Larry has been named the chairman of our committee.
  래리는 우리 위원회의 의장으로 지명되었어.

The group of young people is standing in a line. They are having a party tonight. One man is holding a drink while everyone else sings karaoke. Behind them are party balloons. Everyone is in a good mood because they are celebrating.

몇몇 젊은 사람들이 한 줄로 서 있다. 그들은 오늘밤 파티를 하고 있다. 사람들은 노래방에서 노래를 부르고 있는데 한 남자는 손에 술잔을 들고 있다. 그들 뒤에 파티 풍선들이 있고, 그들은 모두 다 뭔가 기념을 하고 있기 때문에 기분이 좋은 상태이다.

Words & Phrases

- **have a party** 파티를 하다
  Are you having a party without me?
  나없이 파티하는거야?

- **sing karaoke** 노래방에서 노래를 부르다
  They went out to sing karaoke after drinking together.
  걔네들은 함께 술을 마신 후에 나가 노래방에서 노래를 불렀어.

- **be in a good mood** 기분이 좋은 상태이다
  The students seem to be in a good mood today.
  오늘 학생들 기분이 좋은 것 같아.

The group of girls is sitting on a rug in the living room. They are telling stories and laughing. They are having a sleepover. Tonight they are staying at one of the girl's house, and they will stay up talking until very late. When they wake up in the morning, they will eat breakfast and their parents will come pick them up.

몇몇 소녀들이 거실의 양탄자 위에 앉아 있다. 그들은 이야기를 하며 웃음을 짓고 있다. 그들은 슬립오버 파티를 하고 있다. 오늘밤 그들은 한 소녀의 집에서 머물며 밤이 아주 늦을 때까지 안자고 이야기를 주고 받을 것이다. 아침에 일어나 그들은 아침을 먹게 될 것이고 그들의 부모들이 데리러 올 것이다.

Words & Phrases

- **have a sleepover** 하룻밤 자는 파티를 하다
  Hey, you wanna have a sleepover tonight?
  야, 오늘밤 슬립오버할까?

- **stay up talking until~** …때까지 안자고 이야기를 하다
  We stayed up talking until the sun came up.
  우리는 태양이 뜰 때까지 안자고 얘기를 했어.

- **pick up** 데리러 오다
  Who's going to pick us up at the airport?
  누가 공항으로 우릴 데리러 오지?

The young people are out together at a nightclub. Right now they have cocktails in their hands, and they are making a toast. After a few drinks they will go out to the dancefloor to dance. It's the weekend and it's a fun night to be out.

젊은 사람들이 외출하여 나이트클럽에 함께 있다. 이제 그들은 손에 칵테일을 들고서 건배를 하고 있다. 몇 잔을 마시고 나면 그들은 무대로 나가서 춤을 출 것이다. 주말이고 나가 놀기에 좋은 밤이다.

Words & Phrases

- **be out together at~** 외출하여 …에서 함께 있다
  We were out together at the festival's opening ceremony.
  우리는 축제의 개회식 때 밖에 함께 있었어.

- **make a toast** 건배하다
  Everyone stand, so we can make a toast.
  다들 일어서서 우리 건배하자.

- **It's a fun night to~** …하기에 좋은 밤이다
  It's a fun night to be hanging out together.
  함께 어울려 놀기에 좋은 재미있는 밤이다.

The four women are very good friends. One of them is going to get married soon. Tonight they are having a bachelorette party to celebrate. They are drinking white wine, dancing, and reminiscing about when they were younger. Soon they will all be starting new lives as married women.

네 명의 여자는 매우 좋은 친구들이다. 그 중 한 명이 곧 결혼할 예정이다. 오늘밤 그들은 결혼을 기념하기 위해서 처녀파티를 하고 있다. 그들은 백포도주를 마시고 춤을 추고 젊었을 때의 추억을 얘기한다. 곧 그들은 결혼한 여성으로 새로운 삶을 시작할 것이다.

Words & Phrases

- **have a bachelorette party** 처녀파티를 하다
  What should we do for the bachelorette party?
  처녀파티에 어떻게 해야 돼?

- **reminisce about** 좋았던 추억담을 나누다
  The old school chums spent hours reminiscing about their youth.
  옛 학교친구들이 오랫동안 자신들의 젊은 시절 추억담을 나누었어.

- **start a new life as~** …로써 새로운 삶을 시작하다
  I chose to start a new life as a traveling musician.
  난 여행하는 음악가로 새로운 삶을 시작하기로 했어.

The people are outside in a park today. The weather is warm and sunny, and it's nice to be out in nature. The man with the blue apron on is barbequing meat on the grill. Everything is ready to serve, and he is getting his girlfriend to eat some of the food to make sure it tastes okay.

사람들이 오늘 공원에 나와 있다. 날씨는 따뜻하고 화창하고 자연 속으로 나오는 것은 아주 멋진 일이다. 파란 앞치마를 입은 남자가 그릴 위의 고기를 굽고 있다. 함께 먹을 준비가 다 되었고, 그는 여친에게 맛이 괜찮은지 확인하기 위해서 고기를 좀 먹어보게 하고 있다.

Words & Phrases

- **It's nice to+V** …하는 것은 멋진 일이다
  It's nice to cuddle up when the weather gets cold.
  날씨가 추워질 땐 웅크리면 좋아.

- **get sb to+V** …가 …하도록 하다
  You have to get Penny to fix me up.
  페니가 날 소개팅시켜주도록 해.

- **make sure S+V** …인지 확실히 하다
  We just got to make sure they stay afloat.
  걔네들이 파산하지 않도록 확실히 해야 돼.

The kids are all sitting together and getting their photo taken. It's a special day because one of the girls is celebrating her birthday. The room is decorated with balloons and festive colors. The birthday girl will blow out the candles and make a wish. Then everyone will get to eat a slice of cake.

아이들이 함께 앉아서 사진을 찍고 있다. 소녀들 중 한 명이 생일이기 때문에 특별한 날이다. 방은 풍선과 축제 분위기의 색깔들로 장식되어 있다. 생일인 소녀가 양초를 불어서 끄고 소망을 빌 것이다. 그런 다음 모두는 케익 조각을 먹게 될 것이다.

Words & Phrases

- **celebrate one's birthday** 생일파티를 하다
  What's your favorite way to celebrate your birthday?
  어떤 식으로 생일파티 하는 것을 가장 좋아해?

- **make a wish** (생일파티 때 등) 소원을 빌다
  Children like to make a wish when they see a falling star.
  아이들은 떨어지는 별을 보면서 소원빌기를 좋아해.

- **get to+V** …하게 되다
  Will I actually get to see you sometime?
  언제 한번 널 보게 될까?

The kids **are outside on a winter day.** It snowed last night, and the weather is cold. They **are wearing** hats and heavy coats to stay warm. They **are also having a snowball fight.** Everyone is making snowballs to throw at each other.

어느 겨울날 아이들이 밖에 있다. 간밤에 눈이 내렸고 날씨는 춥다. 그들은 모자와 두터운 코트를 입어서 몸을 따뜻하게 하고 있다. 또한 그들은 눈싸움을 하고 있다. 다들 눈덩이를 만들어서 서로에게 던지고 있다.

Words & Phrases

- **be outside on a winter day** 겨울날 밖에 있다
  I don't enjoy being outside on a cold winter day.
  난 추운 겨울날 밖에 있는 것을 싫어해.

- **wear~** (옷 등) 입고 있다
  Why are you wearing my apron?
  왜 내 앞치마를 두르고 있는거야?

- **have a snowball fight** 눈싸움을 하다
  The kids had a snowball fight out on the front lawn.
  아이들이 앞 잔디밭에서 눈싸움을 했어.

The office workers are having a party. Today is one of their coworker's birthday. A woman covers his eyes so he can't see the presents he is receiving. He looks very happy. It's nice because the people he works with cared enough to throw a party in his honor.

사무실 직원들이 파티를 하고 있다. 오늘은 동료 중 한 명의 생일이다. 한 여자가 그의 눈을 가리고 있어 그는 그가 받는 선물을 볼 수 없다. 그는 매우 기뻐하는 것 같다. 함께 일하는 사람들이 자기를 축하해 주기 위해 파티를 열어줄 정도로 신경을 써주고 있다는 것은 멋진 일이다.

Words & Phrases

- **care enough to+V** ···할 정도로 신경을 쓰다
  It's nice they cared enough to attend my party.
  걔네들이 파티에 참석할 정도로 신경을 썼으니 다행이야.

- **throw a party** 파티를 열어주다
  You have to throw a party for Jessica.
  제시카에게 파티를 열어줘야지

- **in one's honor** ···을 기념하여, ···을 축하하여
  The celebration was held in the new president's honor.
  신임 대통령을 기념하여 기념식이 열렸어.

The crowd of people has gathered in the street to watch break dancers compete. It requires a lot of skill and grace to break dance correctly. After each person is finished, the crowd will applaud their efforts. The person who gets the loudest applause will win the competition.

사람들이 거리에 모여서 브레이킹 댄서들이 경연하는 것을 보고 있다. 브레이킹 댄스를 제대로 추려면 엄청난 기술과 우아함이 필요하다. 각 사람의 댄싱이 끝나면 사람들은 그들의 노력에 박수를 쳐줄 것이다. 가장 많은 박수를 받은 사람이 경연에서 승리할 것이다.

Words & Phrases

- **gather to+V** 모여서 …하다
  The neighbors gathered to debate the plans for the area.
  이웃들이 모여서 그 지역의 계획에 대해 토론을 했어.

- **watch sb+V** …가 …하는 것을 보다
  I watched Chris make out with Nancy.
  난 크리스가 낸시와 애무하는 것을 봤어.

- **applaud one's efforts** …의 수고에 박수를 치다
  I applaud your efforts to help poor people.
  가난한 사람들을 도우려는 너의 노력에 박수를 친다.

The family has gathered together to celebrate the Thanksgiving holiday. The traditional food for Thanksgiving is a big turkey, which the grandfather is slicing. It is a time when a big meal is served, but it is also a time when people reflect on being thankful for what they have, and for having a loving family.

가족이 함께 모여서 추수감사절을 기념했다. 추수감사절에 먹는 전통적인 음식은 커다란 칠면조이며 할아버지가 이를 얇게 썰고 계신다. 많은 음식이 준비되는 때이지만 자신들이 가지고 있는 것과 사랑스런 가족과 함께 하는 것에 감사하는 것을 깊이 생각하는 때이기도 하다.

Words & Phrases

- **gather together to+V** 함께 모여 …하다
  They gathered together to have Sunday dinner.
  걔네들은 함께 모여서 일요일 저녁을 했어.

- **It's a time when S+V** …하는 때이다
  It's a time when Christians celebrate the Christmas season.
  기독교인들이 크리스마스 계절을 기념하는 때야.

- **reflect on** 깊이 생각하다
  Harold reflected on all of the people he had insulted.
  해롤드는 자기가 모욕했던 사람들 모두에 대해 깊이 생각했어.

The mother and daughter are together in front of a Christmas tree. They are decorating it for the holiday season. This is the first year that the little girl is old enough to hang ornaments. She is very excited to be able to help put them on the tree.

엄마와 딸이 함께 크리스마스 트리 앞에 있다. 그들은 연휴시즌을 맞아 트리를 장식하고 있다. 올해는 딸이 장식을 달 정도로 자란 첫 해이다. 딸은 트리에 장식을 다는데 도움을 줄 수 있어 무척 기뻐하고 있다.

Words & Phrases

- **be old enough to+V** ···할 정도로 나이가 들다
  He's old enough to drink alcohol.
  걔는 술을 마실 정도로 나이가 들었어.

- **be excited to+V** ···해서 무척 기뻐하다
  He is excited to travel overseas.
  걘 해외여행하는거에 들떠 있어.

- **be able to+V** ···할 수 있다
  I won't be able to make it to your party tonight.
  오늘밤 네 파티에 가지 못할거야.

The group of kids has dressed up in various costumes. It's Halloween, and they are going out trick or treating. They will visit their neighbors and ask for candy by saying 'trick or treat.' Kids love to eat candy. If they aren't given candy by someone, a trick may be played on that neighbor.

아이들이 다양한 의상을 차려 입었다. 할로윈 데이이다. 그들은 밖에 나가 과자 안주면 장난칠거야라는 놀이를 하고 있다. 그들은 이웃집을 방문해 "trick or treat'라고 하면서 캔디를 달라고 할 것이다. 아이들은 캔디 먹는 걸 무척 좋아한다. 캔디를 안주는 이웃이 있다면 그 이웃집에 장난을 칠지도 모른다.

Words & Phrases

- **dress up** 차려입다
  Look at you all dressed up. Applying for a job here?
  멋지게 차려입은 것 좀 봐. 여기 지원하려고?

- **visit one's neighbors** 이웃집에 가다
  We visited our neighbors over the weekend.
  우리는 주말동안 이웃집들을 방문했어.

- **play a trick on~** …에게 장난치다
  It's not nice to play tricks on old people.
  나이든 사람들에게 장난치는 것은 좋지 않아.

A young man is sitting in a bar with a mug of beer. Around him, people are talking, but he is all alone. He looks depressed, and he may have serious personal problems. Being in the bar has made him sad instead of cheering him up.

젊은 남자가 맥주잔을 잡고 바에 혼자 앉아 있다. 그의 주변에는 사람들이 대화를 나누고 있지만, 그는 홀로이다. 그는 우울하게 보이며 몇몇 개인적인 문제가 있을 것 같다. 바에 있는 바람에 그는 기운이 나기 보다는 더 슬퍼졌다.

Words & Phrases

- **look depressed** 우울해보이다
  He got fat, he's depressed.
  걘 살이 쩌서. 낙담해있어.

- **instead of~** ⋯대신에
  How about talking to me instead of ignoring me?
  날 무시하는 대신에 내게 말하면 어때?

- **cheer sb up** ⋯을 기운나게 하다
  Cheer up! You're going to see him again, right?
  기운내! 다시 걜 만날거잖아. 맞지?

The woman is lying on her sofa. There are several bottles of hard liquor in front of her. She has had a lot to drink, and she has passed out. Tomorrow she will have a hangover when she wakes up. The alcohol she drank was very strong, and she'll feel like she's still a little drunk in the morning.

여자가 소파에 누워 있다. 그녀 앞에는 독주 술병이 몇 개 놓여져 있다. 그녀는 많은 술을 마셨고 정신을 잃었다. 내일 그녀는 일어날 때 숙취에 고생할 것이다. 그녀가 마신 술은 매우 농도가 강한 걸로 그녀는 아침에도 여전히 술에 취한 기분일 것이다.

Words & Phrases

• **pass out** 정신을 잃다
  Do you think that's what caused him to pass out?
  넌 바로 그것 때문에 걔가 의식을 잃었다고 생각해?

• **feel like S+V** …와 같은 기분이다
  I feel like I want to go to sleep.
  자고 싶어.

• **be a little drunk** 좀 취하다
  She used to get drunk and pass out on our porch.
  걘 취해서 현관 앞에서 졸도하곤 했었어.

Chapter 05

Health

The woman is holding her hands over her stomach. She has a stomachache. She ate too much food for lunch and now she has indigestion. She needs to go home and take some medicine that will make her feel better.

여자는 두 손으로 배를 움켜잡고 있다. 그녀는 복통을 앓고 있다. 점심 때 음식을 너무 많이 먹었고 이제 소화가 되는 중이다. 그녀는 집에 가서 복통을 가라앉게 만드는 약을 좀 먹어야 한다.

Words & Phrases

- **have a stomachache** 복통을 앓다
  I skipped dinner because I have a stomachache.
  복통이 있어서 저녁은 건너뛰었어.

- **take some medicine** 약을 좀 먹다
  I need you to take some medicine.
  너 약 좀 먹어라.

- **make sb feel better** …의 기분을 더 좋아지게 해주다
  Drink this. It'll make you feel better.
  이거 마셔. 기분이 좋아질거야.

The young man is sitting on a toilet. He looks very unhappy. His stomach is upset and that has caused him to have diarrhea. He is pooping a lot and he can't leave his house. Sometimes getting food poisoning can cause diarrhea. He will go to the drugstore to get some medicine that can help him.

젊은 남자가 화장실 변기에 앉아 있다. 그는 기분이 아주 안좋아 보인다. 위장이 탈나서 그는 설사를 하였다. 그는 대변을 너무 많이 봐서 집을 나설 수가 없다. 때때로 식중독에 걸리면 설사가 나오게 된다. 그는 약국에 가서 도움이 되는 약을 좀 살 것이다.

Words & Phrases

- **cause ~ to+V** …가 …하게 하다
  It started out this way. Nothing caused it to happen.
  처음부터 이랬던거야. 그 원인은 따로 없어.

- **have diarrhea** 설사를 하다
  You better take some medicine if you have diarrhea.
  설사하면 약을 먹어야 돼.

- **poop** 대변을 보다
  Ted went into the toilet because he had to poop.
  테드는 대변을 봐야 해서 화장실로 갔어.

The young woman is sitting on a couch with her head in her hands. She has a migraine headache. This is a very strong headache that may last for hours. She is going to take some aspirin and lie down on her bed for a while.

젊은 여자가 두 손으로 얼굴을 감싸고 소파에 앉아 있다. 그는 편두통을 앓고 있다. 이는 몇시간 동안 지속될 수도 있는 아주 심한 두통이다. 그녀는 아스피린을 먹고 잠시 침대에 누워있을 것이다.

Words & Phrases

- **with one's head in her hands** 두 손으로 얼굴을 감싸고
  He sat with his head in his hands after losing the soccer match.
  걔는 축구경기에서 진 후 두 손으로 얼굴을 감싸고 앉아 있었다.

- **have a migraine headache** 편두통을 앓다
  It's good to stay home when you have a migraine headache.
  편두통을 앓을 때는 집에 있는게 좋아.

- **lie down on one's bed** 침대에 눕다
  Jason was so tired that he laid down on his bed in the early evening.
  제이슨은 너무 피곤해서 이른 저녁에 침대에 누웠다.

A man **is lying down on his sofa**, blowing his nose. He is very sick, and he **stayed home from work** today. He has a severe cold, which causes congestion and a runny nose. He has already used a full box of tissues. It's miserable to **have a cold** when you should be working.

남자가 소파에 누워 있으며 코를 풀고 있다. 그는 몸이 아파서 오늘 출근하지 않고 집에 있다. 감기가 심하게 걸렸는데 코막힘 현상과 코가 흐르고 있다. 그는 이미 휴지 한 박스를 다 썼다. 일을 해야 할 때 감기에 걸리는 것은 안된 일이다.

Words & Phrases

- **lie down on one's sofa** 소파에 눕다
  Cheryl laid down on her sofa to take a nap.
  쉐릴은 낮잠을 자기 위해 소파에 누웠어.

- **stay home from work** 출근하지 않고 집에 있다
  Why don't you stay home from work today and just hang out with me?
  출근하지말고 나랑 그냥 놀자.

- **have a cold** 감기에 걸리다
  I'm coming down with a cold.
  감기 기운이 있어요.

The man is working at his job in a warehouse. Every day he has to lift heavy boxes. Today he has a backache and it really hurts. He is massaging his back, but it doesn't feel any better. He may have to take a painkiller so that he can get back to work.

남자는 직장의 창고에서 일을 하고 있다. 매일 그는 무거운 박스들을 들어올려야 한다. 그는 허리통증이 왔고 정말이지 매우 아프다. 그는 그의 등을 마사지하지만 전혀 좋아지지가 않는다. 그는 다시 일하기 위해서는 진통제를 먹어야 될지 모른다.

Words & Phrases

- **have to+V** …해야 한다
  It's a pity that you have to leave so soon.
  네가 이렇게 일찍 가야 된다니 아쉽네.

- **It hurts** 아프다
  It hurts when I'm not with her.
  걔와 떨어져 있을 때 아파.

- **get back to work** 다시 일을 시작하다
  Stop complaining and get back to work.
  불평 그만하고 다시 일해.

The man is lying at the bottom of a staircase. He fell down the stairs while he was working at his company's office. It looks like he has been badly injured. He will be taken to the hospital in an ambulance, and a claim will be filed with his company's insurance to pay for the medical bills.

남자가 계단 밑에 누워 있다. 그는 회사 사무실에서 일을 하다가 계단 밑으로 굴러 떨어졌다. 그는 심하게 다친 것으로 보인다. 그는 구급차를 타고 병원으로 이송될 것이며 병원비를 내기 위해서 회사의 보험회사를 상대로 한 청구소송이 있을 것이다.

Words & Phrases

- ### fall down 넘어지다
  My father fell down the stairs the other day.
  아버지가 요전날 계단에서 떨어지셨어.

- ### be taken to the hospital 병원으로 이송되다
  Hang in there. We're going to get you to the hospital.
  잘 견뎌. 병원으로 데려갈게.

- ### file an insurance claim 보험 청구서를 제출하다
  The driver filed an insurance claim after his car was in an accident.
  운전자는 자동차가 사고가 난 후 보험금 청구서를 제출했어.

The man is sitting on a sofa, and he is leaning over, vomiting into a green bucket. He is feeling very sick. He probably caught a flu virus from one of his co-workers. The flu is very contagious and it makes many people sick, especially during the winter months.

남자는 소파에 앉아서 몸을 한쪽으로 기울이고 녹색 양동이 안에 토하고 있다. 그는 아주 토할 것 같은 기분이 많이 든다. 그는 아마 직장 동료 한 명으로부터 독감바이러스를 옮았을 것이다. 독감은 전염성이 강해서 특히 겨울 동안에 많은 사람들이 아프게 된다.

Words & Phrases

- **feel sick** 아프다. 메스껍다
  I have no energy and feel sick.
  나 힘이 하나도 없고 메슥거려.

- **catch a flu virus from** …로부터 독감에 걸리다
  Did you catch the flu virus from one of your kids?
  너희 아이들 중 하나로부터 독감을 옮았어?

- **It makes sb+adj** 그것 때문에 …은 …하게 되다
  If it makes you angry, what else is new?
  그 땜에 화났다면 뭐 새론 소식없어?

The woman is lying in her bed. It is after 3 a.m. She should be sleeping, but she is wide awake. She is probably suffering from insomnia, which keeps many people awake at night. Insomnia is a sleep disorder that can be caused by things like stress and anxiety, and even drinking too much coffee.

여자가 침대에 누워 있다. 새벽 3시가 지났다. 잠을 자야 되는데 정신이 말똥말똥하다. 그녀는 아마도 저녁에 사람들을 못자게하는 불면증에 시달리는 것 같다. 불면증은 스트레스나 걱정 심지어는 커피를 너무 마심으로써 발생되는 수면장애이다.

Words & Phrases

- **be wide awake** 정신이 말똥말똥하다
  It's 4 a.m., and I am still wide awake.
  새벽 4시인데, 난 아직도 정신이 말똥말똥하다.

- **suffer from** …을 앓다
  Do you suffer from headaches, allergies, or diabetes?
  두통, 알러지, 당뇨병을 앓고 있나요?

- **be caused by** …에 의해 야기되다
  The flooding was caused by a broken water pipe.
  수도관이 터져서 물이 범람하였다.

The woman is wearing a pair of sneakers, and she has been out jogging. She is holding her ankle because it hurts. Many athletes sprain their ankles or pull muscles in their legs if they exercise too much and don't give their body a chance to recover.

여자가 운동화 한 벌은 신고 있다. 그녀는 밖에 나와서 조깅을 하고 있었다. 그녀는 아프기 때문에 발목을 손으로 쥐고 있다. 운동을 하는 사람들은 운동은 많이 하면서 몸이 회복할 기회를 주지 않으면 발목이 삐고 다리 근육이 결리게 된다.

Words & Phrases

- **be out jogging** 야외에서 조깅을 하다
  Generally Terry is out jogging when her job finishes for the day.
  보통, 테리는 하루 일과가 끝나면 나가서 조깅을 해.

- **sprain one's ankle** 발목을 삐다
  I sprained my finger playing tennis.
  테니스하다가 손가락을 삐었어.

- **pull a muscle in one's leg** 다리 근육이 결리다
  I pulled a muscle in my leg and was on crutches for a week.
  다리 근육이 결려서 일주일 동안 목발을 집고 다녔어.

The man is lying on the ground, and he has been seriously injured in a bike accident. His helmet is off and he has been knocked unconscious. The woman is standing over him with a shocked look on her face. She needs to go get help so that he can be transported to a hospital.

남자가 바닥에 누워 있는데 자전거 사고로 부상을 심하게 당했다. 그의 헬멧은 벗겨져 있고 바닥에 부딪혀 의식을 잃었다. 여자는 얼굴에 놀란 표정을 짓고 그가 있는 쪽으로 향해 서 있다. 그녀는 도움을 받아서 그를 병원으로 옮겨야 한다.

Words & Phrases

- **be injured in a bike accident** 자전거 사고로 부상당하다
  Paul was injured in a bike accident in the park.
  폴은 공원에서 자전거 사고로 부상당했어.

- **be knocked unconscious** 부딪혀 의식을 잃다
  The boxer lost the fight after he was knocked unconscious.
  권투선수는 맞아 의식을 잃은 후에 경기에서 졌어.

- **go get help** 가서 도움을 받다
  Run, go get help!
  뛰어, 가서 도움을 청해!

The man is outside, lying on the ground with a hand on his chest. He has had a dizzy spell and his chest really hurts. He might be having a heart attack. The woman is kneeling beside him, calling for an ambulance. Help will be here soon.

남자가 밖에서 가슴에 손을 얹고 바닥에 누워 있다. 그는 어지럼 현상이 일어났고 그의 가슴이 많이 아프다. 심장마비가 오는 것일 수도 있다. 여자는 그의 옆에 무릎을 꿇고 앉아서 구급차를 부르고 있다. 도움이 곧 오게 될 것이다.

Words & Phrases

- **have a dizzy spell** 어지럼증이 생기다
  The doctor examined Lucy after she had a dizzy spell.
  의사는 루시가 어지럼증을 겪은 후에 걔를 검사했어.

- **have a heart attack** 심장마비가 오다
  My boss just had a heart attack!
  사장님이 방금 심장마비가 왔어!

- **call for an ambulance** 앰뷸런스를 부르다
  If someone is hurt, we better call for an ambulance.
  누가 다쳤으면 우리는 앰뷸런스를 불러야 돼.

SECTION CHAPTER
02-05-11

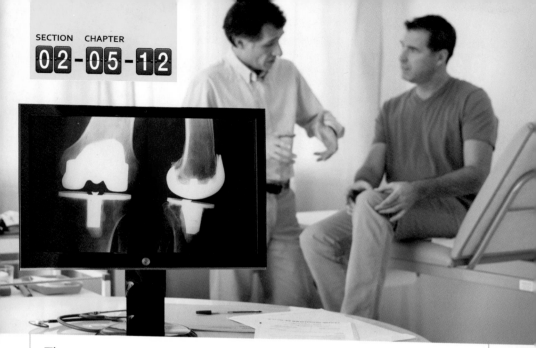

The man is sitting on an exam table, talking to a doctor. They are in an orthopedic clinic. The man is worried because his knee joints are hurting. His doctor is telling him that they hurt because they are worn, and someday the man may need a knee joint replacement operation.

남자는 진료 테이블에 앉아서 의사와 얘기를 나누고 있다. 그들은 정형외과에 있다. 남자는 그의 무릎 관절이 아파서 걱정이다. 의사는 그에게 무릎이 닳았기 때문에 아플 것이고 언젠가는 무릎관절 교체 수술이 필요할 거라고 말하고 있다.

Words & Phrases

- **be worried because S+V** …때문에 걱정이다
  I'm so worried because my girlfriend and I have been arguing a lot.
  여친과 많이 싸워서 걱정야.

- **be hurting** …가 아프다
  My stomach is really hurting me!
  정말 배가 아파 죽겠어!

- **be worn** 닳다 (*be worn out 지쳐있다)
  That's why you feel so tired and worn out.
  그래서 네가 그렇게 피곤해하고 지쳐있는거야.

The young woman is sitting down, eating a meal made up of fast food. This food is full of fat and very unhealthy. If she continues to eat this way, she will get chubby and probably have health problems. It's important for people to maintain a healthy diet in order to stay fit.

젊은 여자가 앉아서 패스트푸드 음식을 먹고 있다. 이 음식은 지방으로 가득차서 건강에 좋지 않다. 그녀가 이런 식으로 계속 먹으면 그녀는 뚱뚱해지고 아마도 건강에도 문제가 생길 것이다. 사람들은 건강을 유지하기 위해 건강식단을 유지하는 것이 중요하다.

Words & Phrases

- **be full of~** …으로 가득하다
  My life is full of ups and downs. It's kind of strange.
  내 인생은 파란만장했어. 좀 이상해.

- **It's important for sb to+V** …가 …하는 것이 중요하다
  It's important for her to explore the city she lives in.
  걘 자기가 사는 도시를 둘러보는게 중요해.

- **stay fit** 건강을 유지하다
  It's harder to stay fit when you're over 40.
  40을 넘기고도 건강을 유지하는 것은 더 어려워.

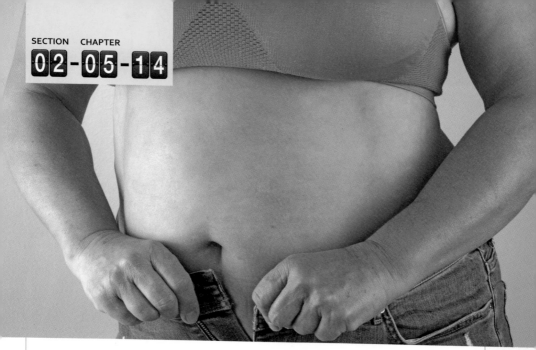

This is a picture of a woman who is wearing a bra and trying to put on a pair of jeans. Her stomach is a little large, and the jeans look too small to be able to fit well. Maybe she has gained weight and her normal clothes no longer fit her. She may be on a diet to lose weight, and is trying to see if she has lost enough to fit into these jeans.

이 사진은 브라자를 입은 여자가 청바지를 입으려고 하는 모습이다. 그녀의 복부가 좀 너무 나와서 청바지가 작아 맞지 않는 것처럼 보인다. 그녀는 아마도 살이 쪄서 예전에 입던 옷들이 더 이상 맞지 않는 것 같다. 살을 빼려고 다이어트를 하고 있을지 모르며 이 청바지가 맞을 정도로 살이 빠졌는지 보려고 할 것이다.

Words & Phrases

- **put on** 옷을 입다
  He said he was too tired to put on shoes.
  걔는 너무 피곤해서 신발을 신을 수가 없다고 말했어.

- **fit well** 잘 맞다
  The vacation will fit well into my schedule.
  휴가는 내 일정과 아주 잘 맞을거야.

- **be on a diet** 다이어트를 하고 있다
  Did you tell her you're on a diet?
  너 다이어트한다고 걔한테 말했어?

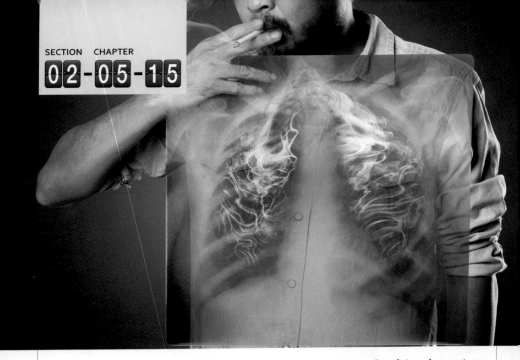

The man is standing up, smoking a cigarette. On his chest is a picture of the smoke going into his lungs. Cigarette smoke can cause a lot of damage' and lead to lung cancer. He needs to stop smoking or else someday he will wind up in the hospital being treated for cancer.

남자는 서서 담배를 피고 있다. 그의 가슴에는 담배연기가 그의 폐로 들어가는 모습의 사진이 보인다. 담배연기는 많은 피해를 끼칠 수 있고 폐암을 유발할 수도 있다. 그는 담배를 끊어야 하며 그렇지 않으면 언젠가 그는 병원에서 암치료를 받게 될 것이다.

Words & Phrases

- **cause a lot of damage** 많은 피해를 끼치다
  The hurricane caused a lot of damage to the island.
  허리케인이 그 섬에 많은 피해를 끼쳤어.

- **lead to~** …로 이어지다
  Does this road lead to the beach?
  이 길이 해변으로 이어지나요?

- **wind up ~ing** 결국 …하게 되다
  We wound up staying in the hotel a few extra days.
  우리는 며칠 더 호텔에 묵게 되었어.

The doctor is with a patient, and he has an arm cuff on him to check his blood pressure. Checking blood pressure is a way to see if a person's heart is operating efficiently. The man's blood pressure is too high, so he needs to start exercising.

의사는 환자와 함께 있고, 환자는 암커프를 하고 혈압을 재고 있다. 혈압을 재는 것은 심장이 효율적으로 작동하는지 여부를 확인하는 방법이다. 이 환자의 혈압은 너무 높아서 그는 운동을 시작해야 한다.

Words & Phrases

- **check one's blood pressure** 혈압을 재다
  This machine is used to check your blood pressure.
  이 약은 혈압을 재는데 사용된다.

- **be a way to see if** S+V ···을 확인하는 방법이다
  What is a way to see if he has cancer?
  걔가 암인지를 확인하는 방법이 뭐야?

- **need to start ~ing** ···을 시작해야 한다
  I need to start looking for a new job.
  난 새로운 직장을 찾기 시작해야 돼.

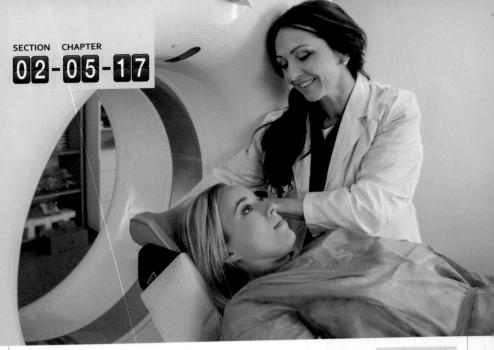

The woman is lying down on a bed, and her doctor is preparing her for an MRI scan. An MRI uses magnetic fields and radio waves to generate images of a person's internal organs. The woman hopes that this scan can give her information about some serious health issues that she has been experiencing.

여자는 침대에 누워 있고, 그녀의 의사는 그녀가 MRI 스캔을 찍도록 준비시키고 있다. MRI는 자기장과 전자파를 이용하여 사람의 내부 기관들의 이미지를 만들어낸다. 여자는 지금 겪고 있는 심각한 건강 문제에 대한 정보를 이 스캔을 통해 알게 되기를 바라고 있다.

Words & Phrases

- **prepare sb for~** …가 …하도록 준비시키다
  The tutor prepared us for the entrance exam.
  선생님은 우리에게 입학시험 준비를 시키셨어.

- **use sth to+V** …을 이용해서 …하다
  We used a computer to design the house.
  우리는 컴퓨터를 이용해 집을 디자인했어.

- **give sb information about~** …에게 …에 대한 정보를 주다
  Your annual physician's exam will give you information about your health.
  연례 건강검진으로 네 건강에 관한 정보를 알게 될거야.

The man is holding a tablet in his hands. He is looking at a website that offers online health consultations. This website claims people who are sick can be diagnosed over the Internet, right in their homes. It is easier than visiting a doctor's office, but the diagnosis may not be as accurate.

남자는 두 손에 태블릿을 들고 있다. 그는 온라인으로 건강 상담을 해주는 사이트를 바라다보고 있다. 이 사이트는 환자들이 자신의 집에서 인터넷을 통해 진단받을 수 있다고 주장한다. 병원을 찾아가는 것보다 더 편하겠지만 진단이 정확하지 않을 수도 있다.

Words & Phrases

- **offer sth** …을 제공하다
  Maybe we should offer him the job.
  우리가 그 사람한테 이 일자리를 줘보면 어떨까?

- **claim that S+V** …라고 주장하다
  Kevin's lawyer claims that you harassed him.
  케빈의 변호사는 네가 괴롭혔다고 해.

- **It's easier than ~ing** …하는 것보다 더 편하다
  It's easier than finding a new job.
  새로운 직장을 알아보는게 더 쉬워.

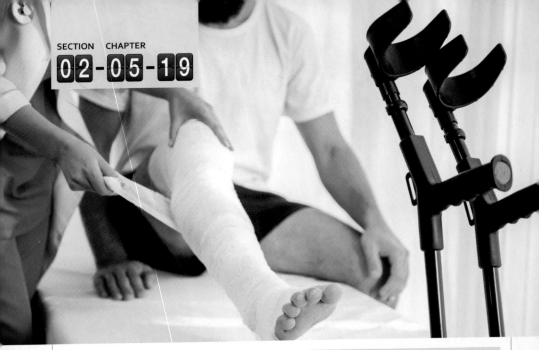

The man is at a clinic, and a doctor is wrapping his leg in a cast. He has broken the bone in his leg. The cast will keep it from moving and give the bone a chance to repair itself. The man will have to use crutches to move around for at least a month, until his leg is strong enough to be used again.

남자는 병원에 있으며 의사는 그의 다리에 깁스를 하고 있다. 그의 다리 뼈가 부러졌다. 깁스는 다리를 고정시키고 뼈가 다시 붙도록 하게 할 것이다. 남자는 다리를 다시 건강하게 사용할 수 있을 때까지 적어도 한 달 동안은 목발을 이용하여 돌아다녀야 할 것이다.

Words & Phrases

- **wrap ~in a cast** 깁스를 하다
  My arm was wrapped in a cast after I injured it.
  내 팔은 부상당한 후에 깁스를 했어.

- **keep sth from ~ing** …가 …하지 않도록 하다
  You need to keep the phone from ringing while I'm studying.
  내가 공부하는 동안 핸드폰이 울리지 않도록 해야 돼.

- **give ~ a chance to+V** …에게 …할 기회를 주다
  That'll give us a chance to make up for lost time
  그건 우리가 잃어버린 시간을 보충할 기회가 될거야.

A woman is sitting on the side of a hospital bed. She **is visiting her husband.** Her husband is lying in bed, and he **is being treated for** a chronic illness. He **is staying in** a private hospital room, so it is peaceful and quiet.

여자가 병원침대 가에 앉아 있다. 그녀는 남편 병문안을 하고 있다. 그녀의 남편은 침대에 누워 있으며 만성질환으로 치료를 받고 있다. 그는 개인병실에 있어서 평화롭고 조용하다.

Words & Phrases

- **visit sb** …을 방문하다
  My wife's been away all week visiting her parents.
  아내는 일주일내내 처가집에 가 있어.

- **be treated for~** …로 치료받다
  The passengers were treated for injuries after the accident.
  승객들이 사고 후에 부상으로 치료받았어.

- **stay in** …에 있다, 머물다
  How long are you planning to stay in the US?
  미국에 얼마동안 머무실 건가요?

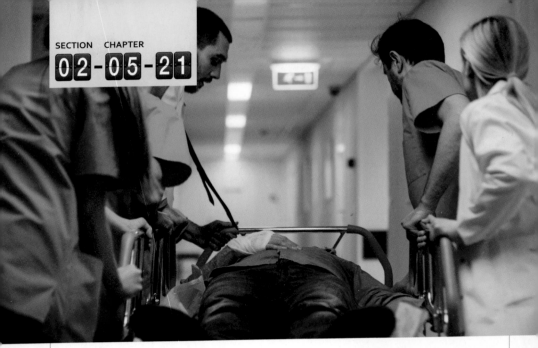

The people are pushing a stretcher with a patient on it down a hospital corridor. They are doctors and nurses who are working in the emergency ward of a hospital. These medical staff members sometimes have to treat people who have been injured or who are having serious health problems.

사람들이 환자가 누운 들것을 병원복도에서 밀고 있다. 그들은 병원의 응급실 병동에서 일하는 의사와 간호사들이다. 이곳의 의료진들은 종종 부상당한 사람들 혹은 중증 환자를 치료해야 한다.

Words & Phrases

- **They are sb who~** 그들은 …하는 사람들이다
  They are people who steal information over the Internet.
  그들은 인터넷을 통해 정보를 훔치는 사람들이야.

- **treat people who~** …한 사람들을 치료하다
  The medics treat people who were hurt while hiking.
  의사들이 하이킹 중에 상처를 입은 사람들을 치료하고 있어.

- **have serious health problems** 중증환자
  Both of the old people have serious health problems.
  그 두 명의 노인은 건강에 심각한 문제가 있어.

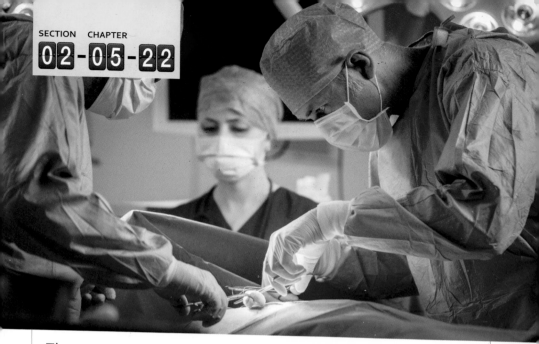

The surgeons are working in an operating room. They are performing surgery on a patient who is lying on the table. In the background, a nurse is waiting to assist them. When they finish, they will stitch up the patient and prescribe medicine to assist his recovery.

외과 의사들이 수술실에서 수술을 하고 있다. 그들은 테이블에 누워 있는 환자의 수술을 하고 있다. 뒷배경에는 한 간호사가 의사를 돕기 위해 대기하고 있다. 수술이 끝나면 그들은 환자의 수술부위를 봉합하고 회복에 도움이 되도록 약을 처방할 것이다.

Words & Phrases

- **perform surgery on sb** ···을 수술하다
  She rushed to perform surgery on the injured child.
  그녀는 부상당한 아이의 수술을 서둘러 했어.

- **be waiting to+V** ···하기 위해 기다리고 있다
  I'm waiting to see the department manager.
  난 백화점 매니저를 만나기 위해 기다리고 있어.

- **stitch up sb** ···의 수술부위를 봉합하다
  The surgeon finished stitching up his patient.
  외과의사는 환자의 수술부위를 봉합하는 것을 마쳤어.

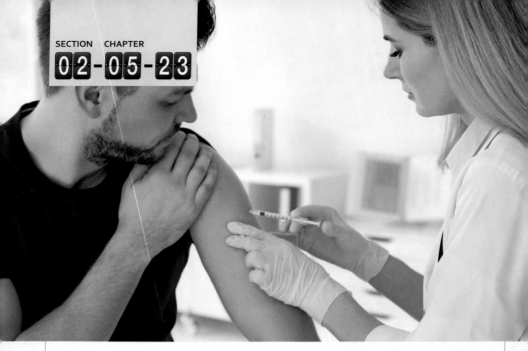

A young man and young woman are in a clinic room together. The young woman is a doctor, and she is vaccinating the man. The injection he is getting will help him resist deadly diseases, and make him healthier. It is important to get all required vaccinations.

젊은 남자와 여자가 병원 진료실에 함께 있다. 젊은 여자는 의사이며 그녀는 남자에게 백신주사를 놓고 있다. 그가 맞는 주사는 위험한 병들을 억제하는데 도움이 될 것이고 그가 더 건강해지도록 할 것이다. 필수 백신들은 다 맞는 게 중요하다.

Words & Phrases

- **get an injection** 주사를 맞다
  We got an injection to prevent the flu virus.
  우리는 독감바이러스를 막기 위해 주사를 맞았어.

- **resist deadly disease** 치명적인 병들을 물리치다
  His immune system couldn't resist the deadly disease.
  그의 면역체계는 치명적인 병을 물리칠 수가 없었어.

- **make sb+adj** …을 …하게 하다
  You made a lot of people angry at you.
  너 때문에 많은 사람들이 열받았어.

The baby is in a doctor's office because she has a fever. The doctor is putting a thermometer in her ear to measure her temperature. She will be given some medicine to keep her fever down, because her parents want her to stay healthy.

아기는 열이 나기 때문에 병원에 와 있다. 의사는 체온계를 아기의 귀에 넣고 체온을 재고 있다. 아기의 부모님은 아기가 건강하기를 바라기 때문에 아기의 열을 낮추기 위한 약을 처방받을 것이다.

Words & Phrases

- **have a fever** 열이 나다
  She's still running a fever.
  걘 여전히 열이 나.

- **keep ~ down** …을 낮추다
  Keep it down in here! We got a noise complaint.
  좀 조용히 해라! 시끄럽다고 불만이 들어왔잖아.

- **stay healthy** 건강을 유지하다
  It's important that they stay healthy.
  걔네들이 건강을 유지하는게 중요해.

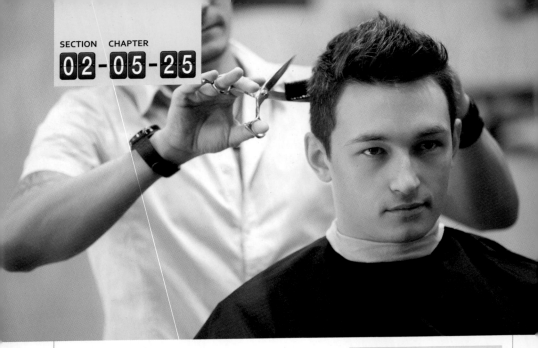

This man is sitting in a barber's chair. He is taking some time to get his hair cut, and he does this at least once every month. The man likes getting hair cuts because they make him look good. He wants to look good because he's going out with a new girlfriend.

남자는 미용실 의자에 앉아 있다. 그는 시간을 내서 머리를 깎고 있다. 그는 적어도 한 달에 한 번은 그렇게 한다. 남자는 자신의 외모가 좋게 보이게 하기 때문에 머리깎는 것을 좋아한다. 그는 새 여친과 데이트할 것이기 때문에 멋지게 보이고 싶어한다.

Words & Phrases

- **take some time to+V** 시간을 좀 내서 …하다
  Let us take some time to think about it.
  우리가 시간을 좀 내서 생각해보자.

- **get one's hair cut** 머리를 깎다
  Where do you get your hair cut?
  어디서 머리를 깎은거야?

- **make sb look good** …의 인상이 좋게 보이게 하다
  This new suit makes me look good.
  이 새로운 정장을 입으니 내가 멋져 보여.

The plastic surgeon is drawing lines on the woman's face. These lines indicate where her appearance will be altered if she gets cosmetic surgery. The woman is scared of having her face changed, but she wants to look as attractive as possible.

성형의사가 여자의 얼굴에 선을 긋고 있다. 이 선들은 그녀가 성형수술을 받게 되면 그녀의 외모가 바뀌게 되는 부분을 나타낸다. 여자는 그녀의 얼굴이 바뀌는 것이 두렵지만 어떻게든 매력적으로 보이기를 원한다.

Words & Phrases

- **draw lines on~** …에 선을 긋다
  Jack drew lines on the old map.
  잭은 낡은 지도 위에 선을 긋었다.

- **get cosmetic surgery** 성형수술을 받다
  Some women get cosmetic surgery to improve their appearance.
  얼굴을 더 예뻐보이게 하기 위해 성형수술을 하는 여자들도 있다.

- **be scared of~** …을 무서워하다
  I think everyone's just really scared of getting hurt.
  다들 다칠까봐 정말 겁나하는 것 같아.

The woman is standing next to a coffin. She is holding a rose in her hand. A funeral service has been held for the dead person in the coffin, and that person is going to be buried in a grave soon. Before it is buried, the woman will place the rose on top of it, as a symbol of her love for the deceased person.

여자가 관 옆에 서 있다. 그녀는 손에 장미를 들고 있다. 관속의 고인을 위해 장례식이 열렸다. 고인은 곧 무덤에 묻힐 것이다. 매장되기 전에 여자는 고인에 대한 사랑의 표시로 관 위에 장미를 올려놓을 것이다.

Words & Phrases

- **stand next to~** …의 옆에 서 있다
  I stood next to the heater until I warmed up.
  난 몸이 따뜻해질 때까지 난로 옆에 서 있었다.

- **hold a funeral service** 장례식을 치르다
  They held a funeral service for their grandfather.
  그들은 할아버지 장례식을 치렀어.

- **as a symbol of~** …의 표시로
  I gave her a ring as a symbol of my love.
  난 사랑의 증표로 걔에게 반지를 줬어.

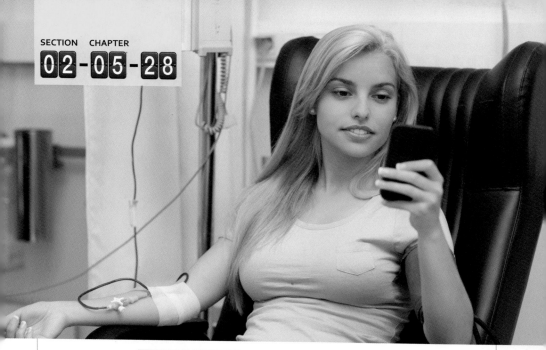

The woman has traveled to a hospital to donate blood. A tube from her arm is extracting the blood. While she waits, the woman is surfing the Internet on her phone. She is very kind. The blood she donates will be used to help sick people who need transfusions.

여자는 병원에 와서 헌혈을 하고 있다. 그녀의 팔에 꽂힌 튜브가 피를 빼내고 있다. 그러는 동안 그녀는 핸드폰으로 인터넷 서핑을 하고 있다. 그녀는 매우 착하다. 그녀가 헌혈한 피는 수혈이 필요한 환자들을 돕는데 이용될 것이다.

Words & Phrases

- **travel to~** …로 이동하다, …로 가다
  The group traveled to Israel to study Biblical sites.
  일단의 사람들이 성지순례를 하기 위해 이스라엘로 갔다.

- **donate blood** 헌혈하다
  If you donate blood, it may save a life.
  헌혈을 하게 되면 생명을 살릴 수도 있다.

- **be used to+V** …하는데 이용되다
  The shed was used to house extra boxes.
  헛간은 여분의 박스들을 보관하는데 이용됐어.

The ophthalmologist is preparing an exam for her male patient. He has had some problems seeing properly, and he needs to get his eyes checked. In this clinic his vision will be tested and he may be prescribed a new set of glasses. He needs to see properly to get his driver's license.

안과의사가 남자 환자의 진료를 준비하고 있다. 그는 물체를 제대로 보는데 문제가 있어서 눈을 검사해야 한다. 병원에서 그의 시력이 측정될 것이고 그는 새로운 안경을 처방받을 수도 있다. 그는 운전면허증을 따기 위해 사물을 정확히 볼 필요가 있다.

Words & Phrases

- **have some problem ~ing** …하는데 좀 문제가 있다
  I have some problems hearing quiet sounds.
  난 조용한 소리를 듣는데 문제가 있어.

- **get one's eyes checked** 두 눈을 검사하다
  You can get your eyes checked right in the doctor's office.
  병원 진찰실에서 바로 눈을 검사할 수 있습니다.

- **get one's driver's license** 운전면허증을 따다
  You've got to take a test to get your driver's license.
  운전면허를 따기 위해서는 테스트를 치러야 한다.

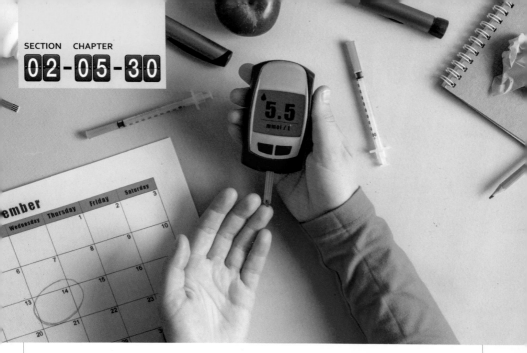

The man has poked his finger in order to draw blood. He has a machine that will measure the glucose level in his blood. Because he is a diabetic, he must control his glucose, and if it gets too high or too low, he will need to give himself an insulin shot to regulate it.

남자는 피를 뽑기 위해 손가락을 찔렀다. 그는 혈당수치를 측정하는 기구를 가지고 있다. 그는 당뇨병이 있어서 혈당수치를 조절해야 한다. 수치가 너무 높거나 낮을 때 스스로 인슐린 주사를 놔서 수치를 조절해야 할 것이다.

Words & Phrases

- **draw blood** 피를 뽑다
  The nurse drew blood to check for possible diseases.
  간호사는 있을 수 있는 병을 확인하기 위해 피를 뽑았다.

- **measure the glucose in one's blood** 혈당수치를 측정하다
  Diabetics must measure the glucose in their blood.
  당뇨병환자는 혈당수치를 측정해야 한다.

- **give oneself an insulin shot** 인슐린 주사를 자신에게 놓다
  I'll give myself an insulin shot if my blood sugar is low.
  내 혈당이 낮아지면 인슐린 주사를 놓을거야.

The woman is holding up both of her hands, and they have hair in them. She has no clothes on because she was showering, and she saw her hair fall out after she used some shampoo. She is very worried this is the start of hair loss for her. She will need hair follicle treatments to prevent the loss of more hair.

여자는 양손을 모으고 있는데 그 안에는 머리카락이 있다. 그녀는 샤워 중이어서 옷을 걸치고 있지 않다. 그리고 그녀는 일정한 샴푸를 사용한 후에 머리가 빠지는 것을 보았다. 그녀는 이게 탈모의 시작인지 무척 걱정하고 있다. 그녀는 더 머리가 빠지기는 것을 예방하기 위해 모낭치료를 해야 할 것이다.

Words & Phrases

- **have no clothes on** 옷을 입고 있지 않다
  The model in the picture has no clothes on.
  사진 속의 모델은 옷을 걸치고 있지 않았어.

- **fall out** 머리가 빠지다
  My hair started falling out.
  내 머리가 빠지기 시작했어.

- **be very worried that S+V** …을 무척 걱정하다
  I'm worried that the air is getting too dirty.
  공기가 점점 너무 더러워져 걱정야.

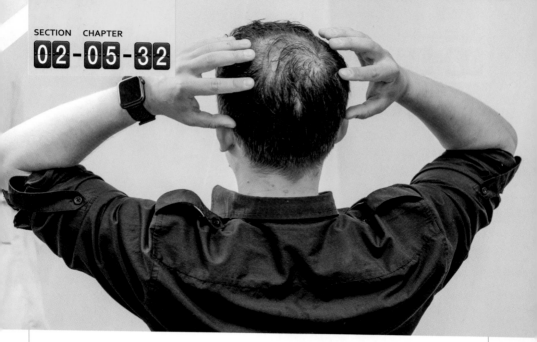

The man has his hands on his scalp. He has a pattern of thinning hair on the top of his head. Many people with this problem worry about going bald. He may choose to get a surgical hair transplant so he can retain some of his hair.

남자는 두피에 두 손을 얹고 있다. 그의 머리 정수리 부분 머리에 숱이 적어지는 패턴이 있다. 이런 문제를 갖고 있는 많은 사람들은 대머리가 되는 것을 걱정한다. 그는 머리의 일부를 유지하기 위해서 모발이식수술을 하게 될 지도 모른다.

Words & Phrases

- **thinning hair** 숱이 적은 머리
  Tom has thinning hair and will soon be bald.
  탐은 머리 숱이 적어서 곧 대머리가 될거야.

- **go bald** 대머리가 되다
  I just said he was getting more bald.
  난 그냥 걔 머리가 더 까진다고 말한거야.

- **choose to+V** ···하기로 선택하다
  I chose to become a teacher years ago.
  수년 전에 선생님이 되기로 했어.

The older woman is getting her hair brushed by a younger woman. Her hair has turned grey over the years. It is almost Christmas time, and she wants to look nice when she visits her family for the holidays. Many people want to improve their appearance around this time of year because they will be attending holiday gatherings.

젊은 여자가 할머니의 머리를 빗겨주고 있다. 할머니의 머리는 흐르는 세월 속에 희게 변했다. 거의 크리스마스 때가 되었고 그녀는 연휴에 가족을 방문할 때 멋지게 보이고 싶어 한다. 연중 이맘 때가 되면 많은 사람들은 휴일모임에 참석하기 때문에 외모를 더 멋지게 꾸미려고 한다.

Words & Phrases

- **turn grey** 머리가 희어지다
  My mother's hair began to turn grey.
  어머니 머리가 희어지기 시작했어.

- **around this time of year** 년중 이맘 때
  Many flowers bloom around this time of year.
  년중 이맘 때에 많은 꽃들이 펴.

- **attend holiday gathering** 휴일모임에 가다
  Everyone is invited to attend our holiday gathering.
  우리 휴일모임에 오라고 다들 초대했어.

The man is getting help from his wife. His wife is helping to install his hearing aid. The hearing aid allows him to understand what other people are saying. Without it, he could not participate in conversations or understand the TV programs he watches.

남자는 아내로부터 도움을 받고 있다. 그의 아내는 그에게 보청기를 달아주는데 도움을 주고 있다. 보청기는 그가 다른 사람들이 하는 말을 이해할 수 있게 해준다. 보청기가 없다면 그는 대화에 참여할 수가 없고 그가 보는 TV 프로그램들을 이해할 수 없을 것이다.

Words & Phrases

- **get help** 도움을 받다[주다]
  You'd better get help for the people who were hurt.
  다친 사람들을 위해 도움을 줘야 한다.

- **help to+V** …하는데 도움을 주다
  Can you help to fix my mistakes?
  내 실수들을 고치는데 도와줄 수 있어?

- **participate in** 참여하다
  I was invited to participate in the computer gaming contest.
  난 컴퓨터 게임 경연대회에 참가하라는 초대를 받았어.

The woman is looking at an app on her mobile phone. She has exercise clothing on, and she has been working out. This app allows her to check her heart rate. She exercises to be healthy, and she wants to make sure that her heart is strong enough to complete her work out routines.

여자는 스마트폰으로 한 어플을 보고 있다. 그녀는 운동복을 입고 있고 그녀는 운동을 하고 있었다. 이 어플은 그녀의 심박수를 확인하게 해준다. 그녀는 건강해지려고 운동을 하고 있으며 그녀의 심장이 자신의 규칙적인 운동을 감당할 정도로 강한지 확인하고 싶어한다.

Words & Phrases

- **check one's heart rate** 심박수를 체크하다
  Check your heart rate after you finish running.
  달리기 끝난 다음에 심박수를 확인해봐.

- **want to make sure S+V** …을 확실히 확인하고 싶어하다
  I just want to make sure we do it right.
  우리가 일을 제대로 하는 것을 단지 확인해보고 싶을 따름이야.

- **complete one's work out routines** 규칙적인 운동을 하다
  I had a shower after completing my work out routine.
  규칙적인 운동을 한 후에 난 샤워를 했어.

The man has a pill in one hand and a glass of water in the other hand. He has to swallow the medicine to treat a medical problem that he is having. He doesn't like to take medicine, but he knows he needs the medicine to work so he can get healthy again.

남자는 한 손에 약을 다른 손에는 물 한 잔을 들고 있다. 그는 그에게 있는 건강문제를 치료하기 위해서 약을 삼켜야 한다. 그는 약먹는 것을 싫어하지만 다시 건강해지기 위해서는 효과가 있는 약이 필요하다는 것을 알고 있다.

Words & Phrases

- **swallow the medicine** 약을 삼키다
  Tony swallowed the medicine, but it tasted terrible.
  토니는 약을 삼켰는데 맛이 정말이지 썼다.

- **take medicine** 약을 먹다
  I think you should take some allergy medicine.
  앨러지 약을 좀 먹는게 나을 것 같아.

- **get healthy** 건강해지다
  You'd better exercise, because you need to get healthy.
  건강해지려면 운동을 해.

SECTION CHAPTER

02-05-37

The group of people is sitting in a yoga studio. They are learning various new yoga techniques. Their teacher is positioning one of the students into a difficult pose. It takes a lot of practice and stretching to be flexible enough to do advanced yoga. They are wearing loose clothes so they can move into positions more freely.

몇몇 사람들이 요가교실에 앉아 있다. 그들은 다양하고 새로운 요가동작을 익히고 있다. 그들의 강사가 학생들 중 한 명에게 어려운 자세의 포즈를 취하게 하고 있다. 난이도 높은 요가를 할 정도로 유연해지려면 많은 노력과 스트레칭이 필요하다. 그들은 더 자유롭게 자세를 하기 위해서 느슨한 옷을 입고 있다.

Words & Phrases

• **It takes ~ to+V** …하기 위해서는 …가 필요하다
  It takes time to get used to it.
  그거에 익숙해지는데 시간이 좀 걸려.

• **do yoga** 요가를 하다
  Andrea does yoga to relieve her stress.
  앤드리아는 스트레스를 풀기 위해 요가를 해.

• **wear loose clothes** 느슨한 옷을 입다
  In hot weather, it's good to wear loose clothes.
  날씨가 더울 때는 느슨한 옷을 입는게 좋아.

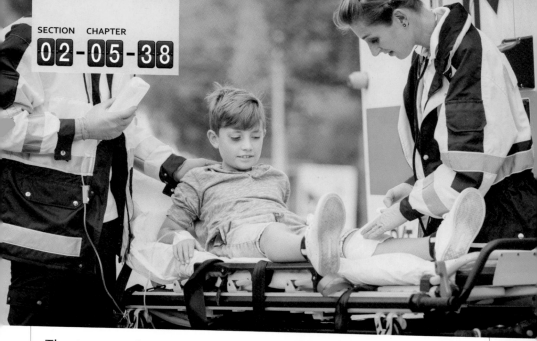

The two medics are standing outside of an ambulance. They are attending to a little boy who has been injured and is on a stretcher. He was in a car accident and needs medical care. Once they treat his injuries, he will be put in the ambulance and brought to the hospital.

두 명의 구급대원이 앰뷸런스 밖에 서 있다. 그들은 부상을 당해 들것 위에 있는 어린 소년을 돌보고 있다. 그는 교통사고가 나서 치료를 받아야 한다. 그들이 일단 그 부상을 치료하고 나면 그는 앰뷸런스에 실려서 병원으로 이송될 것이다.

Words & Phrases

- **attend to~** 돌보다, 살피다
  Could you attend to the patients in the waiting room?
  대기실의 환자들을 돌봐줄래요?

- **be in a car accident** 차사고가 나다
  I was in a car accident this morning.
  오늘 아침에 차 사고를 당했어.

- **be brought to the hospital** 병원으로 이송되다
  Will was brought to the hospital after breaking his legs.
  윌은 다리가 부러진 후 병원으로 이송됐어.

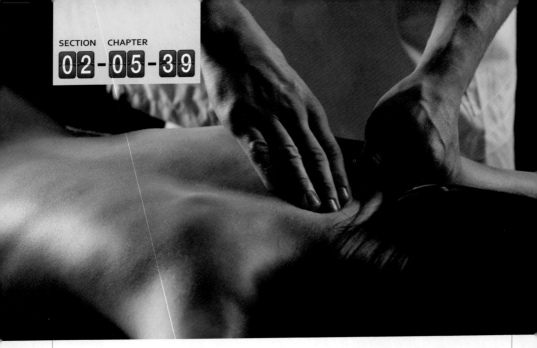

SECTION CHAPTER

02 - 05 - 39

The woman is lying on a table in a spa. She has no clothes on. A man is giving her a massage. He is kneading the muscles in her upper shoulders. This loosens up the muscles and helps remove stress from her body. There are many massage techniques that can help people feel healthier and more relaxed.

여자는 한 스파의 테이블 위에 옷을 안입고 누워 있다. 남자가 그녀에게 마사지를 해주고 있다. 그는 그녀의 어깨 상단의 근육을 주무르고 있다. 이는 근육의 긴장을 완화시켜주고 몸에 스트레스를 없애는데 도움이 된다. 사람들이 더욱 건강하게 느끼고 더 긴장을 풀 수 있게 해주는데 도움되는 많은 마사지 기술들이 있다.

Words & Phrases

- **give sb a massage** 마사지를 해주다
  Would it make you feel better if I gave you a massage?
  내가 마사지 해주면 기분이 좀 좋아지겠어?

- **knead the muscles** 근육을 주무르다
  The masseuse kneaded the muscles in my lower legs.
  여자 안마사가 내 다리 아래쪽 근육을 주물러줬어.

- **loosen up** 긴장을 풀어주다
  Fifteen minutes of exercise will loosen up your muscles.
  15분 운동을 하면 네 근육이 풀릴거야.

The man is sitting in a dental chair. He is touching his face and explaining to the dentist which tooth is causing his pain. The dentist will examine the man's teeth and take x-rays of them. He must determine what the problem is before he tries to treat it.

남자는 치과 의자에 앉아 있다. 그는 자기 얼굴에 손을 대면서 어느 이가 아픈지 치과의사에게 설명하고 있다. 치과의사는 그 남자의 이들을 검사하고 엑스레이를 찍을 것이다. 의사는 치료하려고 하기 전에 문제가 무엇인지 결정해야 한다.

Words & Phrases

• **take x-rays of~** …의 엑스레이를 찍다
Because of the accident, they took x-rays of his ribcage.
사고가 났기 때문에 걔의 흉곽 엑스레이를 찍었어.

• **determine what~** …을 결정하다
We couldn't determine what the problem was.
우리는 문제가 뭔지 결정할 수가 없었어.

• **before he tries to+V** 그가 …을 하려고 하기 전에
Stop him before he tries to drink more whiskey.
걔가 위스키를 더 마시려고 하기 전에 못 마시게 해.

The man and the woman are in a gym. They are wearing workout clothing and using a rowing machine to exercise. They train often in the gym to stay in good physical condition. Many people go to a gym or health club when they finish working.

남자와 여자가 체육관에 있다. 그들은 운동복을 입고 있고 로윙머신을 이용해서 운동을 하고 있다. 그들은 건강한 육체를 유지하기 위해 체육관에서 종종 운동을 한다. 많은 사람들이 일과 후에는 체육관이나 헬스클럽에 간다.

Words & Phrases

- **stay in good physical condition** 건강한 육체를 유지하다
  I want to stay in good physical condition as I get older.
  난 나이가 들어가기 때문에 건강한 육체를 유지하려고 해.

- **go to a gym** 체육관에 가다
  I'm getting ready to go to a gym.
  체육관에 갈 준비됐어.

- **finish ~ing** …을 끝내다
  Did you finish checking in to your room?
  투숙 절차는 다 끝났어?

The man **is working out** on a treadmill. It helps him stay in shape and feel energetic. He had planned to run for 5 miles, but he has done it already, so he's going to run for just past 10 miles instead. He feels better after he runs. **It helps him deal with** his stressful job.

남자는 러닝머신에서 운동을 하고 있다. 운동을 하면 그는 체력이 좋아지고 활동적이게 된다. 그는 5 마일을 뛰려고 계획했지만 이미 다 달렸다. 그래서 그는 대신 10마일 넘게 달릴 것이다. 그는 뛰고나서는 기분이 더 좋아진다. 스트레스받는 일을 처리하는데 도움이 된다.

Words & Phrases

- **work out** 운동하다
  I lost a lot of weight because I go to a gym to work out.
  체육관에 가서 운동을 해서 살이 많이 빠졌어.

- **It helps sb+V** …가 …하는데 도움이 되다
  I hope it helps you feel better.
  기분이 좀 좋아지길 바래.

- **deal with** 다루다
  Are you prepared to deal with a lawsuit?
  소송을 다룰 준비가 됐어?

The couple is outdoors, jogging on a path in a park. They are smiling and look happy. Jogging regularly helps develop muscles and is good for health. Both the man and woman are not fat, and they seem to be in good physical condition.

커플이 야외에서 공원길을 따라 조깅하고 있다. 그들은 미소를 짓고 있고 행복해 보인다. 주기적으로 조깅을 하면 근육발달에 도움이 되며 건강에도 좋다. 남녀 모두 뚱뚱하지 않고 신체가 건강하게 보인다.

Words & Phrases

- **jog on a path in a park** 공원길을 따라 조깅하다
  The running club regularly jogs on a path in a park.
  달리기 동호회는 공원길을 정기적으로 조깅해.

- **help+V** …하는데 도움이 되다
  You need to help transport these people.
  너는 이 사람들을 수송하는데 도움을 줘야 돼.

- **seem to+V** …인 것 같다
  You don't seem to be listening.
  넌 듣고 있지 않는거 같아.

The man is out on a golf course, **playing golf.** He is on the green, the smoothest part of the course. Because his ball is close to the hole, he must use a putter to hit the ball gently. He **wants the ball to** move slowly so it goes into the hole. If it is hit too hard, it will **go past** the hole, and he will have to hit it again.

남자가 야외 골프코스에서 골프를 치고 있다. 그는 골프 코스에서 가장 매끈한 곳인 그린 위에 있다. 그의 공이 홀에 가까이에 있기 때문에 그는 퍼터를 이용해서 공을 부드럽게 칠 것이다. 그는 공이 천천히 움직여서 홀안으로 들어가기를 바란다. 공을 너무 세게 치면 홀을 지나칠 것이어서 그는 다시 공을 쳐야 할 것이다.

Words & Phrases

- **play golf** 골프치다
  Do you know anything about playing golf?
  골프치는 법 아는 거 있어?

- **want sth to+V** …가 …하기를 바라다
  He wants Samantha to go on a date.
  걔는 사만다가 데이트에 나가기를 원해.

- **go past~** …을 지나치다
  The bus went past my stop this morning.
  오늘 아침, 버스가 내가 서 있는 정거장을 지나쳤어.

The group of friends is sitting on a sofa. They are having drinks and watching a soccer match on TV. The team they are rooting for has just scored, so they are very happy. They have their hands raised in celebration and they are cheering.

가족들이 모여서 소파에 앉아 있다. 그들은 술을 마시며 TV로 축구경기를 보고 있다. 그들이 응원하는 팀이 방금 골을 넣어서 그들은 무척 기뻐하고 있다. 그들은 두 손을 쳐들고 축하하며 응원을 하고 있다.

Words & Phrases

- **watch a soccer match on TV** TV로 축구경기를 보다
  The bar patrons were all watching a soccer match on TV.
  바의 손님들은 모두 다 TV로 축구경기를 보고 있었어.

- **root for** 응원하다
  Most people root for teams from their hometown.
  대부분의 사람들은 자기 고향 팀을 응원해.

- **score** 골을 넣다
  The soccer player scored twice in tonight's match.
  그 축구선수는 오늘밤 경기에서 2골을 넣었어.

The men are in a stadium. They are wearing uniforms and playing on soccer teams. It is a very important match and there is a large crowd watching them. One of the men is going to kick the ball toward the goal. He hopes to score a point and give his team a chance to win.

남자들이 경기장 안에 있다. 그들은 유니폼을 입고 축구팀 소속으로 경기를 하고 있다. 매우 중요한 경기여서 많은 사람들이 모여서 경기를 보고 있다. 선수들 중 한 명이 골문을 향해 슛을 날리려고 한다. 그는 골이 들어가서 팀이 이길 기회를 갖기를 바란다.

Words & Phrases

- **play on soccer teams** 축구팀 소속으로 경기를 하다
  Some students play on soccer teams.
  일부 학생들은 축구팀에서 뛰어.

- **There is a large crowd ~ing** 많은 사람이 …을 하고 있다
  There was a large crowd attending the fair.
  그 전시회에는 많은 사람들이 참석했었어.

- **kick the ball toward the goal** 슛을 날리다
  Chris kicked the ball toward the goal but didn't score.
  크리스는 슛을 날렸지만 들어가지 않았어.

SECTION CHAPTER

02-05-47

The man in blue has just kicked a soccer ball toward the goal. The man in red is a goalie, and he has jumped to catch the ball. He wants to prevent it from going into his goal and scoring a point for the opposing team. It is important to have a skilled goalie on a soccer team.

푸른색 유니폼의 선수가 골문을 향해 슛을 날렸다. 붉은 유니폼의 선수는 골키퍼이고 그는 점프를 해서 볼을 잡으려고 한다. 그는 공이 골문으로 들어가 상대팀이 득점을 올리지 못하게 하려 한다. 축구팀에서는 아주 실력 좋은 골키퍼가 있는게 중요하다.

Words & Phrases

- **prevent ~ from ~ing** …가 …하지 못하게 하다
  I told you to prevent this from happening.
  이런 일 일어나지 않도록 하라고 했잖아.

- **go into one's goal** 골문으로 공이 들어가다
  The team lost the match when they kicked the ball into their own goal.
  그 팀은 자살골을 넣고서 게임에서 졌어.

- **score a point** 득점하다
  Neither team was able to score a point tonight.
  오늘밤 어느 팀도 골을 넣을 수가 없었어.

The soccer players in white and red uniforms are very happy. They are professional athletes. They have just won a match that they played in a big stadium, and they are celebrating. The man in the blue and white uniform is on the other team. He is upset because his team lost, and he is walking off the field.

하얀색과 붉은색 유니폼을 입은 축구 선수들이 무척 기뻐하고 있다. 그들은 프로 선수들이다. 그들은 대형 경기장에서 경기한 게임에서 승리해서 기념하고 있는 중이다. 푸른색과 하얀색 유니폼을 입은 선수는 상대방팀 소속이다. 그는 팀이 패배해서 화가 났고 경기장을 걸어서 빠져나가고 있다.

Words & Phrases

- **win a match** 경기에서 이기다
  They will need to win a match to advance to the finals.
  그들은 결승전에 올라가기 위해서는 경기를 이겨야 된다.

- **be on the other team** 상대방팀 소속이다
  One team won, but I was on the other team.
  한 팀이 이겼는데 나는 다른 팀 소속였어.

- **walk off the field** 경기장을 빠져나가다
  He slowly walked off the field after getting a red card.
  그는 레드카드를 받고서 천천히 경기장을 빠져나갔어.

The baseball player is throwing a ball to the catcher. He is on the field in a stadium, and there are many people watching him. His job is to pitch the ball to the opposing player. If he pitches well, the player won't be able to hit the ball.

야구선수가 캐처에게 공을 던지고 있다. 그는 경기장의 필드 위에 있고 많은 사람들이 그를 쳐다보고 있다. 그가 해야 할 일은 상대방 선수에게 볼을 던지는 것이다. 그가 잘 던지면 상대방 선수는 볼을 칠 수 없을 것이다.

Words & Phrases

- **His job is to+V** 그의 일은 …하는 것이다
  His job is to examine blueprints.
  그의 일은 건물 청사진들을 검사하는거야.

- **pitch the ball** 피처가 볼을 던지다
  Can you pitch the ball better than Herman?
  너 허만보다 더 볼을 잘 던질 수 있어?

- **hit the ball** 볼을 치다
  The batter hit the ball over the fence.
  타자는 펜스 너머로 공을 쳤어.

The baseball player has jumped toward a ball that has been hit in his direction. He has to hustle in order to catch it. He is able to snag the ball in his glove before it can hit the ground. That means the batter who hit the ball is out and will not be able to score during this at bat.

야구 선수가 자기 방향으로 날아오는 볼을 향해 점프를 했다. 그는 그 볼을 잡기 위해서 민첩하게 행동해야 한다. 그는 공이 땅에 닿기 전에 글로브안으로 공을 잡아챌 수 있다. 이는 공을 친 타자가 아웃이며 따라서 타자는 이번 타석에서는 득점을 할 수가 없을 것이다.

Words & Phrases

- **have to hustle** 민첩하게 행동하다
  You have to hustle to beat the other players.
  다른 선수들보다 앞서려면 민첩하게 행동해야 돼.

- **snag the ball** 볼을 잡아채다
  It looked like a homerun, but the centerfielder snagged the ball at the fence. 홈런처럼 보였는데, 센터필드가 펜스에서 볼을 잡아챘어.

- **at bat** 타석에서
  The man who is at bat is a lousy hitter.
  지금 타석에 있는 선수는 형편없는 선수야.

The two men are professional baseball players, playing in a stadium. The man with the helmet on is sliding into the base. He hopes he will be safe, but the opposing team member has a ball in his glove. He tags the sliding man before he reaches the base, meaning he is out.

두 명의 선수는 프로야구선수로 경기장에서 게임을 하고 있다. 헬멧을 쓰고 있는 선수가 베이스로 슬라이딩해서 오고 있다. 그는 세이프가 되기를 희망하지만 상대팀 선수가 글러브 안에 공을 갖고 있다. 그는 베이스에 다다르기 전에 슬라이딩하는 선수를 태그한다. 아웃된 것이다.

Words & Phrases

- **slide into the base** 베이스로 슬라이딩해서 들어오다
  I slid into the base but was still called out.
  난 슬라이딩해서 베이스에 들어왔지만 아웃당했어.

- **tag sb** ...을 태그하다
  You'd better tag the runner before he scores.
  주자가 득점을 하기 전에 태그를 해야 돼.

- **reach the base** 베이스에 다다르다
  He reached the base after he bunted.
  그는 번트를 댄 후에 베이스를 밟았어.

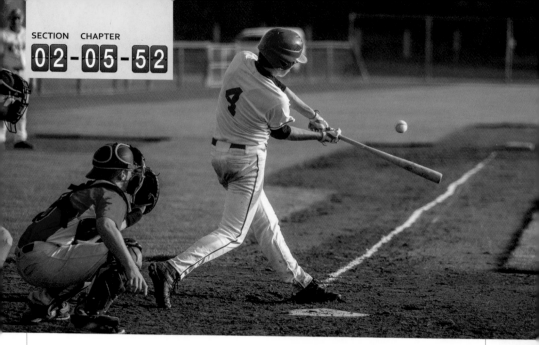

Two teams are playing baseball. They consist of young players. The batter has hit the ball as hard as he can. Sometimes a hit can result in the batter safely reaching a base, and sometimes it is caught for an out. This ball has been hit outside of the baseline and will be called a foul ball.

두 팀이 야구경기를 하고 있다. 젊은 선수들로 구성되어 있다. 타자는 있는 힘껏 공을 친다. 때때로 타자가 공을 쳐서 안전하게 베이스로 가게 되기도 하지만 때로는 잡혀서 아웃되기도 한다. 이 공은 라인 밖으로 벗어나서 파울볼이 될 것이다.

Words & Phrases

- **hit the ball** 공을 치다
  Kevin hit the ball as hard as he could.
  케빈은 있는 힘껏 공을 쳤어.

- **result in sb ~ing** 결과적으로 …가 …하게 되다
  The meeting resulted in my being promoted.
  회의 결과 내가 승진하게 되었어.

- **be caught for an out** 잡혀서 아웃이 되다
  The pop fly to mid-field was caught for an out.
  미드필드로 날아간 내야 플라이는 잡혀서 아웃됐어.

The basketball teams are competing on the basketball court. The man in the blue uniform is dribbling the ball as he runs down the court. He hopes to avoid his opponent and shoot the ball through the hoop, in order to score two points.

농구팀들이 농구경기장에서 서로 경쟁하고 있다. 푸른 색의 유니폼을 입은 선수가 경기장을 뛰어가면서 드리블을 하고 있다. 그는 상대팀 선수를 피해서 농구골대 안으로 공을 날려 2점을 얻기를 바란다.

Words & Phrases

- **dribble the ball** 볼을 드리블하다
  The basketball player dribbled the ball toward the basket.
  농구 선수는 골대를 향해 볼을 드리블해갔어.

- **run down the court** 경기장을 달리다
  The coach made us run down the court to improve our stamina.
  감독은 우리의 체력을 향상시키기 위해 경기장을 달리도록 했어.

- **shoot the ball through the hoop** 농구골대안으로 공을 날리다
  The most important thing is to shoot the ball through the hoop.
  가장 중요한 것은 농구골대안으로 공을 던지는 것이다.

The basketball player **is flying through the air** after running and jumping up. He is going to **slam dunk the ball through the hoop**. Professional basketball players are very tall, and they are very strong. Sometimes they can move in a way that **makes them seem** superhuman.

농구선수가 달려서 점프한 후 공중을 가르며 날고 있다. 그는 골대 안으로 슬램덩크 슛을 할 것이다. 농구선수들은 키가 매우 크고 매우 강하다. 때로는 사람이 아닌 것처럼 보이게 하는 방식으로 움직인다.

Words & Phrases

- **fly through the air** 공중을 날다
  The ball flew through the air after it was hit.
  공은 배트에 맞은 후 공중을 날고 있었다.

- **slam dunk the ball through the hoop** 골대안으로 슬램덩크 슛을 하다
  Michael Jordan could slam dunk the ball through the hoop.
  마이클 조던은 슬램덩크 슛을 할 수 있었다.

- **make sb seem~** …를 …처럼 보이게 하다
  He tries to make it seem like I'm unreasonable.
  걘 내가 불합리한 사람인 것처럼 보이게 하려고 해.

Chapter 06

Work & Emotions

The young children are getting on a school bus. It is early in the morning, and they are ready to go to their school. The bus driver opens the door to let them enter the bus, and he will pick up many other children today and take them to the school.

어린 학생들이 스쿨버스에 올라타고 있다. 이른 아침이며 아이들은 학교에 갈 준비가 되어 있다. 버스 기사는 문을 열어서 아이들이 버스 안으로 들어오도록 한다. 버스 기사는 오늘 다른 많은 학생들을 태워서 학교로 데려갈 것이다.

Words & Phrases

- **get on a bus** 버스에 타다 (get in a taxi 택시에 타다)
  Excuse me, is this where we get on the train to Chicago?
  실례합니다만, 시카고행 기차 여기서 타나요?

- **be ready to+V** …할 준비를 하다
  Speaking of which, are you ready to go to lunch?
  말이 나왔으니 말인데, 점심 먹으러 갈 준비됐어?

- **take sb to~** …을 …로 데려가다
  Who took Wendy to the party?
  누가 웬디를 파티에 데려갔어?

The family is standing outside their vehicle. The parents are putting backpacks on their kids and getting them ready to go into the school. The kids are very excited. They will spend the whole day with their teachers and classmates, and tonight their parents will pick them up from school.

가족이 그들 자동차 밖에 서 있다. 부모는 아이들의 어깨에 백팩을 메어주고 학교에 갈 준비를 시키고 있다. 아이들은 들떠 있다. 그들은 하루를 선생님들과 반친구들과 보낼 것이고 저녁에는 부모가 학교에서 그들을 픽업해서 올 것이다.

Words & Phrases

- **put a backpack on sb** …에게 백팩을 메어주다
  Miles put a backpack on before going to school.
  마일즈는 학교에 가기 전에 백팩을 멨다.

- **get sb ready to+V** …가 …하도록 준비시키다
  Help get Sam ready to go on a date.
  샘이 데이트 가도록 좀 도와줘.

- **pick up** 차로 픽업하다
  I'll pick you up at eight.
  8시에 픽업할게.

The two young women are sitting at a table. They are both students at a university. They are up late and supposed to be studying, but one of the women has fallen asleep. The other woman is wearing glasses, and she is concentrating hard on her school work.

두 명의 젊은 여자가 테이블에 앉아 있다. 그들은 모두 대학교에 다니는 학생들이다. 그들은 늦게까지 자지 않고 공부를 하기로 되어 있는데 한 여학생이 잠들어버렸다. 다른 여학생은 안경을 쓰고 있으며 강도높게 학업에 집중하고 있다.

Words & Phrases

- **be supposed to+V** …하기로 되어 있다
  I'm supposed to pick her up next Sunday.
  난 걔를 다음주 일요일에 픽업하기로 되어 있어.

- **wear glasses** 안경을 끼고 있다
  Oh, well I'm not wearing my glasses today.
  이런. 내가 오늘 안경을 안 써서 그래.

- **concentrate on~** …에 집중하다
  I'm so into you that I can't concentrate on other things.
  너한테 너무 빠져서 아무 것도 집중이 안돼.

The father and daughter are sitting together at a table. The father is helping his daughter to do her homework for school. The girl is young, so homework is difficult for her to complete. She is very happy that her dad can guide her when she doesn't understand something.

아버지와 딸이 테이블에 함께 앉아 있다. 아버지는 딸이 학교 숙제를 하는 것을 도와주고 있다. 딸은 어리며 숙제는 아이가 하기에 어렵다. 딸은 자기가 이해못할 때 아빠가 지도해줄 수 있어 기뻐하고 있다.

Words & Phrases

- **do one's homework** 숙제를 하다
  I'm ready to do my homework now.
  이제 숙제할게요.

- **be difficult for sb to+V** …가 …하기가 어렵다
  It's really difficult for me to study here.
  내가 여기서 공부하는게 정말 힘들다.

- **complete** 끝내다, 마치다
  All students are expected to complete their homework.
  모든 학생들은 숙제를 다 해야 한다.

The class of teenagers is seated at desks, listening to their teacher. The male teacher is going through their high school lesson. Many students like to take this class. The teacher is young and energetic, and everyone likes learning from him.

십대 학생들이 책상에 앉아서 선생님의 말에 귀를 기울이고 있다. 남선생은 고등학교 수업을 진행할 것이다. 많은 학생들이 이 수업 듣는 것을 좋아한다. 선생님은 젊고 역동적이어서 다들 선생님한테서 배우는 것을 좋아한다.

Words & Phrases

- **listen to sb** …을 경청하다
  She doesn't have to listen to you.
  걘 네 말을 들을 필요가 없어.

- **go through~** …을 진행하다, 하다
  You need to go through your closet and throw out some trash.
  옷장에 가서 쓰레기 좀 치워라.

- **like ~ing** …하는 것을 좋아하다
  Sounds like a lot of fun. Do you like working there?
  아주 재미있을 것 같군. 거기서 일하는 걸 좋아해?

The girl is at a desk in the library, reading a book. She has several books in front of her, and she is doing research for a school project. She plans to look through each book, and if she finds useful information, she will check it out of the library to read through it carefully later.

여자가 도서관의 책상에 앉아서 책을 읽고 있다. 그녀 앞에는 책이 몇 권 놓여져 있다. 그녀는 학교과제를 하기 위한 조사를 하고 있다. 그녀는 각 책들을 훑어보고 유용한 정보를 찾게 되면 나중에 정독하기 위해서 도서관에서 책을 대출할 것이다.

Words & Phrases

- **do research for~** …을 위해 조사하다
  We've been doing research for a novel.
  우리는 한 소설에 대한 조사를 했어.

- **look through** 훑어보다
  Could I look through the notes you took?
  네가 한 노트 좀 볼 수 있을까?

- **check out** (책을 도서관에서) 대출하다
  I checked out a few books from the local library.
  나는 지역도서관에서 책을 몇 권 대출했어.

The students are sitting at their desks. They are taking an important exam in their classroom. It is a difficult exam, and they are concentrating on solving the problems. If they fail to do well, they may not be able to pass the class.

학생들이 책상에 앉아 있다. 자기 교실에서 중요한 시험을 치르고 있다. 어려운 시험이지만 그들은 문제들을 풀기 위해 집중하고 있다. 만약에 시험을 잘 치르지 못하면 과락을 할 수도 있을 것이다.

Words & Phrases

- **take an exam** 시험을 치르다
  You've got to take an exam to get into university.
  대학교에 들어가려면 시험을 쳐야 돼.

- **solve the problem** 문제를 풀다
  Who's going to solve the problem?
  누가 이 문제를 해결할거야?

- **fail to+V** …하지 못하다
  He failed to bring his passport on the trip.
  걔는 여행가는데 여권을 가져오지 않았어.

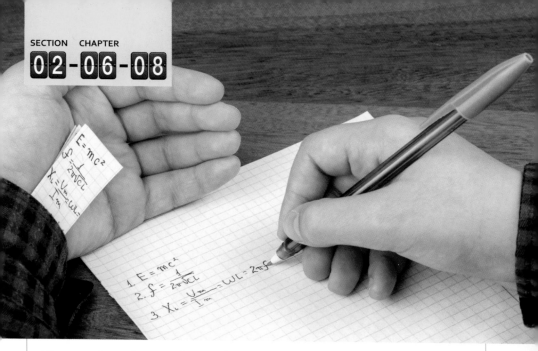

The student has a cheat sheet held in his hand. He is looking at it and writing down answers on the test. It is a mathematics test, and he doesn't know all of the information. The student is breaking the rules of the school by cheating, and if the teacher catches him, he will be in serious trouble.

학생이 커닝페이퍼를 손에 쥐고 있다. 커닝페이퍼를 보면서 시험지에 답을 적고 있다. 수학시험인데 그는 모든 답을 알지 못한다. 학생은 커닝함으로써 학교 규칙을 위반하고 있으며, 선생님한테 걸리면 그는 아주 곤란해질 것이다.

Words & Phrases

- **write down answers** 정답을 적다
  He said he'd write down answers to the quiz questions.
  걘 자기가 퀴즈 문제의 정답을 받아적겠다고 했어.

- **break the rules of~** …의 규칙을 위반하다
  You can't break the rules of the game.
  넌 게임의 규칙을 깨서는 안돼.

- **be in trouble** 곤경에 빠지다, 큰일 나다
  You'd better calm down or you'll get in trouble.
  너 진정해라 그렇지 않으면 사고치겠다.

The young man and young woman are walking outside together. They look very happy. They have just gotten their test results, and their grades are very high. This will put them at the top of their class, and their parents will be proud of them.

젊은 남녀가 함께 야외에서 걸어가고 있다. 그들은 무척 기뻐하고 있다. 그들은 방금 시험성적 결과를 받았는데 성적이 높게 나왔다. 그들은 이 점수로 상위권에 들 것이며 부모님들은 그들을 자랑스러워 하실 것이다.

Words & Phrases

- **get one's test results** 성적표를 받다
  The whole class nervously waited to get their test results.
  반 전체 학생들은 초조하게 성적표 받기를 기다리고 있었다.

- **put~ at the top of one's class** ···반에서 1등을 하게 해주다
  Two high test scores put Mindy at the top of her class.
  두 번의 시험에서 고득점을 받아 민디는 반 1등을 했다.

- **be proud of~** ···을 자랑스러워 하다
  I was proud of Karen for doing so well.
  난 카렌이 일을 잘해줘서 걔가 자랑스러웠어.

A group of students is standing together. They are wearing black gowns and they have taken their hats off their heads and thrown them into the air. It is a special celebration. They are laughing and enjoying themselves because they have just graduated from school.

학생들이 함께 서 있다. 그들은 검은 가운을 입고 있으며 머리에서 모자를 벗고서 공중으로 날리고 있다. 이건 특별한 기념을 하기 위한 것이다. 그들은 웃고 있으며 학교를 졸업하였기 때문에 스스로 즐거움을 만끽하고 있다.

Words & Phrases

- **take off** …을 벗다
  Take off your coat and have a seat at the table.
  코트벗고 테이블에 앉아.

- **throw ~ into the air** 공중에 …을 던지다
  He threw the football into the air after his team won the game.
  그는 게임에서 이긴 후에 공을 공중으로 차올렸다.

- **graduate from~** …을 졸업하다
  When did you graduate from high school?
  언제 고등학교를 졸업했니?

The man is using a laptop computer. He is online, browsing for job opportunities. There are many job vacancies that are posted on the Internet. He is from Africa, and he is looking at African job recruitment websites. He hopes he will have the chance to make a lot of money.

남자가 노트북을 사용하고 있다. 그는 인터넷에 접속해서 취업공고가 나왔는지 둘러보고 있다. 인터넷에 게시된 많은 일자리가 있다. 그는 아프리카에서 왔으며 아프리카 사람들을 위한 취업사이트를 보고 있다. 그는 많은 돈을 벌 기회가 있기를 바라고 있다.

Words & Phrases

- **There are many ~ that+V** …한 …가 많이 있다
  There were many mistakes that **occurred in the report.**
  이 보고서에는 많은 실수가 있었다.

- **post sth on the Internet** 인터넷에 …을 게시하다, 올리다
  I plan to post them on my Facebook page.
  난 그것들을 페이스북에 올릴 생각이야.

- **have the chance to+V** …할 기회가 있다
  I wish I had the chance to say that to her.
  걔에게 그걸 말할 기회가 있으면 좋겠어.

The woman is sitting in front of a group of four people. Everyone is dressed very formally. The people in front of the woman are part of a hiring committee. They **are conducting a job interview** and will **decide whether or not to** **offer the woman a job.**

여자가 4명의 사람들 앞에 앉아 있다. 다들 정장을 쫙 빼입었다. 여자 앞에 있는 사람들은 면접관에 속한 사람들이다. 그들은 취업인터뷰를 하고 있으며 그 여자에게 일자리를 제안할 것인지 여부를 결정할 것이다.

Words & Phrases

- **conduct a job interview** 취업면접을 하다
  We conducted a job interview with several applicants.
  우리는 몇몇 지원자들 취업면접을 했어.

- **decide whether or not to+V** …을 할지 여부를 결정하다
  I have to decide whether or not to stay home.
  집에 있을지 여부를 난 결정해야 돼.

- **offer sb a job** 일자리를 제안하다
  It will be great if they offer me a job.
  그들이 내게 일자리를 제공한다면 무척 좋을거야.

The two men are smiling and shaking hands. Their colleagues are standing behind them and applauding. They are all businesspeople. The older man is congratulating his young employee for doing a good job. The young man is very happy to hear his boss praising him and his work.

두 명의 남자가 미소를 지으며 악수를 하고 있다. 그들의 동료들은 그들 뒤에서 박수를 치고 있다. 그들은 모두 다 직장인들이다. 나이 든 남자가 젊은 사원에게 일을 잘했다고 축하를 해주고 있다. 젊은 남자는 사장이 자기와 자기가 한 일을 칭찬하는 것을 듣고서 무척 기뻐하고 있다.

Words & Phrases

- **shake hands (with)** 악수하다
  I shook hands with a former mayor.
  난 전직 시장과 악수를 했어.

- **do a good job** 일을 잘하다
  You have to agree that Greg did a good job.
  그렉이 일을 잘했다는 것에 넌 동의해야 돼.

- **hear sb ~ing** …가 …하는 것을 듣다
  I didn't hear you saying "I love you."
  네가 날 사랑한다고 말하는 걸 못들어봤어.

SECTION CHAPTER

02-06-14

The group of people is seated at a table. They are all dressed informally, but they are at a meeting. The woman who is standing and smiling is this team's leader. She is handing out a new business plan that the team is going to discuss together.

사람들이 테이블에 앉아 있다. 다들 캐주얼하게 옷을 입고 있지만 회의를 하고 있는 중이다. 서서 웃고 있는 여자가 팀의 리더이다. 그녀는 팀원들이 함께 토의할 사업계획안을 나누어주고 있다.

Words & Phrases

- **be at a meeting** 회의 중이다
  I'm sorry, but Mr. Smith is at a meeting.
  죄송하지만 스미스 씨는 지금 회의중이신데요.

- **hand out** 나누어주다, 배포하다
  I stood in the doorway handing out pamphlets.
  난 출입구에 서서 팜플렛을 나눠주고 있었어.

- **discuss sth** …에 대해 토의하다
  I would rather not discuss it right now.
  지금 당장 그걸 논의하지 않는게 낫겠어.

The two men are in a business office. The man who is standing looks embarrassed and unhappy. He is being reprimanded by his boss for being late to a meeting. His boss is seated and pointing at his wristwatch. He is telling the man that he should have arrived much earlier in the day.

두 남자가 회사 사무실 안에 있다. 서 있는 남자는 당황하고 기분이 안좋아 보인다. 그는 회의에 늦어서 상사로부터 질책을 받고 있다. 상사는 앉아서 자기 손목시계를 가리키고 있다. 그는 직원에게 그날 훨씬 일찍 도착했었어야 했다고 말하고 있다.

Words & Phrases

- **look embarrassed** 당황해보이다
  Why do you look so embarrassed?
  왜 그렇게 어쩔 줄 몰라해?

- **be reprimanded by~** …에게서 질책을 받다
  She was reprimanded by a cop for illegally parking.
  걔는 불법 주차로 경찰로부터 질책을 받았어.

- **should have+pp** …했었어야 했다
  You should have let me know that you were leaving.
  네가 떠난다는 걸 내게 말해줬어야지.

274 네이티브는 이렇게 말한다

SECTION CHAPTER

02-06-16

The woman is standing, and she is holding a box and smiling. She is a new employee, and this is her first day on the job. She is very excited. The man is her boss, and he is welcoming her and introducing her to the team she will be working with.

여자가 서 있는데 손에 박스를 들고 웃고 있다. 그녀는 신입직원이고 오늘이 첫 출근날이다. 그녀는 매우 들떠있다. 남자는 상사로 그녀를 환영하며 함께 일할 직원들에게 그녀를 소개하고 있다.

Words & Phrases

- **new employee** 신입직원
  How is the new employee in your office?
  네 사무실의 신입사원 어때?

- **be one's first day on the job** 첫출근날이다
  It's okay, it's her first day on the job.
  괜찮아, 그녀가 출근한 첫날이잖아.

- **introduce sb to~** …에게 …을 소개하다
  I have a friend I want to introduce you to.
  너에게 소개해주고픈 친구가 있어.

The two people are seated at an office desk. One man is handing in his letter of resignation to his boss. He was a worker at this company, but he is resigning so that he can change jobs. The boss is accepting the letter of resignation. He will have to hire a new employee to replace the one who is quitting.

두 사람이 사무실 책상에 앉아 있다. 한 남자가 사장에게 사직서를 건네고 있다. 그는 회사 직원이었지만 다른 일자리로 옮기기 위해 사직하고 있다. 사장은 사직서를 받고 있다. 그는 그만두는 남자를 대신할 신입직원을 고용할 것이다.

Words & Phrases

- **hand in** 제출하다, 건네다
  It's not important to hand in the report today.
  오늘 보고서를 제출하는 것은 중요하지 않아.

- **change jobs** 이직하다
  It's difficult to change jobs if you're over 30.
  30이 넘으면 이직하기가 어려워.

- **replace sb** …을 대신하다
  She replaced the secretary who was fired.
  그녀는 해고된 비서를 대신했어.

The man is working at his job as an accountant. He is filling out individual income tax returns for his clients. These tax returns are financial reports for people that are submitted to the government. The man must be careful not to make any mistakes.

남자는 회계사로 자기 일을 하고 있다. 그는 고객들을 위해 개인별 소득세 신고서를 작성하고 있다. 이 세금 신고서는 사람들이 정부에 제출하는 회계 보고서이다. 남자는 하나의 실수도 없도록 신경을 많이 써야 한다.

Words & Phrases

- **work at one's job as~** …로써 …의 일을 하다
  My dad works at his job as a factory manager.
  나의 아버지는 공장매니저로 일을 하고 계셔.

- **fill out** 작성하다
  Could you tell me how to fill out this form?
  이 양식서 어떻게 적는지 알려줄래요?

- **be careful not to+V** …하지 않도록 조심하다
  I'll be careful not to make a mistake.
  실수하지 않도록 조심할게.

The woman is holding a box full of belongings from her office. She looks very dejected. Her boss is sitting behind her, pointing at the door and telling her to leave. The woman was not a good employee, and her boss fired her. Now she is unemployed and will not have a salary to pay her bills.

여자는 사무실에서 쓰던 자기 소지품이 든 박스를 들고 있다. 그녀는 실의에 빠진 모습이다. 사장은 그녀의 뒤에 앉아 있으며 문을 가리키며 나가라고 말한다. 여자는 좋은 직원이 아니어서 사장은 그녀를 해고했다. 이제 그녀는 실업자이며 급여가 없어서 청구서 비용을 내지 못할 것이다.

Words & Phrases

- **tell sb to+V** …에게 …하라고 말하다
  I told him to drop by for a drink.
  걔한테 술 한잔하게 잠깐 들르라고 했어.

- **fire sb** 해고하다
  I got fired today for being drunk on the job.
  근무 중에 술 먹었다고 잘렸어.

- **pay one's bills** 청구서 비용을 내다
  When are you going to pay those bills?
  그 청구서 비용 언제 낼거야?

SECTION CHAPTER

02-06-20

The man is looking at someone with his mouth wide open and his glasses lowered. He has learned something very surprising. He is a little bit shocked. Sometimes when we get news that really surprises us, our mouth falls open and we have difficulty responding.

남자가 입을 크게 벌리고 안경을 아래로 낮추면서 누군가를 쳐다보고 있다. 그는 뭔가 놀라운 사실을 알게 되었다. 그는 약간 충격을 받은 듯하다. 때때로 우리는 우리를 정말 놀라게 하는 소식을 접할 때 우리의 입은 벌어지고 반응을 하는데 어려움을 겪는다.

Words & Phrases

• **a little bit** 약간, 조금
  She looked a little bit taken aback by the question.
  걘 그 질문에 약간 당황해보였어.

• **get news** 소식을 접하다
  The family got news that their son was coming home.
  가족은 그들의 아들이 집에 온다는 소식을 들었어.

• **have difficulty ~ing** …하는데 어려움을 겪다
  I think you are having difficulty making friends.
  네가 친구 사귀는 데 어려움이 있는 것 같아.

The man is standing in an elevator with a group of people. He has just farted and it smells terrible. The other people are holding their noses, but they can't escape until the elevator door opens. The man is smiling because he thinks the situation is very funny.

남자가 엘리베이터 안 사람들 속에 서 있다. 그는 방금 방귀를 뀌었고 냄새가 지독하다. 다른 사람들은 그들의 코를 잡고 있지만 엘리베이터 문이 열릴 때까지는 밖으로 나갈 수가 없다. 남자는 상황이 무척 재미있는 듯 미소를 짓고 있다.

Words & Phrases

- **fart** 방귀를 뀌다
  The fart smelled terrible and people began to complain.
  방귀냄새가 끔찍해서 사람들이 불평하기 시작했어.

- **hold one's nose** 코를 잡고 있다
  I held my nose near the garbage can.
  난 쓰레기통 옆에서 코를 잡고 있었어.

- **be funny** 재미있다
  I suppose you think this is funny.
  넌 이게 재미있다고 생각하는 것 같네.

The people are standing in a checkout line in a supermarket. The cashier is waiting to be paid for the produce, but the woman who is in the front of the line forgot to bring enough money. She is embarrassed because everyone can see that she made a mistake.

슈퍼마켓의 계산대에 사람들이 서 있다. 계산원은 채소에 대한 비용이 계산되기를 기다리고 있지만 줄 맨 앞에 있는 여자는 깜박하고 돈을 부족하게 가져왔다. 그녀는 자신이 실수한 것을 다들 보고 있기에 당황해하고 있다.

Words & Phrases

- **stand in a checkout line** 계산대에 줄을 서 있다
  Stand in the checkout line until you pay for that stuff.
  계산대에 줄을 서서 물건값을 계산하세요.

- **be paid for~** …에 대한 비용이 치러지다
  The supplies were paid for by his parents.
  학용품은 부모님이 비용을 치렀다.

- **forget to+V** …하는 것을 깜박하다
  See you later. Don't forget to e-mail me.
  나중에 봐. 잊지말고 메일 보내고.

The woman is sitting in front of a window in her apartment. She is very upset and she has been crying. She has been having troubles with her boyfriend, and now they are going to break up. She has strong feelings of love and sadness, and she is just going to stay home and avoid her friends today.

여자는 자신의 아파트 창가 앞에 앉아 있다. 그녀는 매우 화가 나 있으며 울고 있다. 그녀는 남친과 문제가 있었으며 이제 그들은 헤어질 것이다. 그녀는 사랑과 슬픈 감정을 느끼고 있으며 그녀는 오늘 집에 머물며 친구들과 만나지 않을 것이다.

Words & Phrases

- ### have troubles with~ …와 문제가 있다
  We've had troubles with people stealing things.
  우리는 사람들이 물건을 훔쳐서 어려움이 있다.

- ### break up 헤어지다
  I'm mad at Jen because she broke up with me.
  젠이 나와 헤어져서 걔한테 화나.

- ### stay home 집에 있다
  Be sure and tell Mary to stay home.
  반드시 메리보고 집에 있으라고 말해줘.

The man is staring angrily at his cell phone. It continually malfunctions and drops his calls, and now he is really mad. He feels like throwing it out a window. When he calms down, he will go to the company's showroom and try to exchange it for a newer model.

남자가 열받으며 자기 핸드폰을 보고 있다. 핸드폰이 계속 고장이 나고 전화도중 전화가 끊어지고 있다. 이제 그는 정말 화가 난다. 창문 밖으로 던져버리고 싶다. 그가 진정하게 되면 그는 핸드폰 회사의 전시장으로 가서 새로운 최신 모델로 교환하려고 할 것이다.

Words & Phrases

- **drop one's call** 전화중에 전화가 끊기다
  My old phone kept dropping my calls.
  내 오래된 폰은 계속 전화도중에 끊기고 있어.

- **feel like ~ing** …하고 싶다
  I feel like having a cup of coffee.
  커피 한 잔 먹고 싶어.

- **exchange A for B** A를 B로 교환하다
  He exchanged the dirty shirt for a clean one.
  걔는 더러워진 셔츠를 깨끗한 것으로 교환했어.

The man has seen or heard something very funny, and he has burst out laughing. He is laughing so hard that he is holding his stomach. Laughter is very healthy for human beings. Studies have shown that it helps to relieve stress and actually releases chemicals that improve the body's resistance to illness and disease.

남자가 뭔가 재미있는 것을 봤거나 들어서 웃음을 터트리고 있다. 그는 너무 심하게 웃었는지 배를 움켜잡고 있다. 사람들에게 웃는 것은 매우 건강에 좋다. 연구에 의하면 스트레스를 풀게 해주는데 도움을 주며 실제로 질병에 대한 신체의 저항력을 향상시켜주는 화학물질을 발산한다고 한다.

Words & Phrases

- **burst out laughing** 웃음을 터트리다
  We burst out laughing when we heard the joke.
  우리는 그 농담얘기를 들었을 때 웃음을 터트렸어.

- **Studies have shown that S+V** 연구에 의하면 …하다고 한다
  Studies have shown that yoga improves flexibility.
  연구에 의하면 요가를 하면 유연성이 늘어난다고 한다.

- **improve the body's resistance** 신체의 저항력을 제고시켜주다
  Vitamins improve the body's resistance to illness.
  비타민은 병에 대한 신체의 저항력을 향상시켜준다.

The mother and her kids are sitting on a bed. The kids are bickering with each other over something. It is common for young siblings to fight frequently. The mother is trying to sort out the problem. She is tired and doesn't want to hear any more arguing.

엄마와 아이들이 침대에 앉아 있다. 아이들이 뭔가로 해서 서로 다투고 있다. 어린 자식들이 자주 싸우는 것은 흔한 일이다. 엄마는 문제를 해결하려고 한다. 그녀는 피곤해서 더 다투는 것을 듣고 싶어 하지 않는다.

Words & Phrases

- **bicker with** 다투다
  Please stop bickering with your wife.
  네 아내와 언쟁을 그만해.

- **It is common for sb to+V** …가 …하는 것은 흔한 일이다
  It is common for parents to feel tired.
  부모님들이 지치는 것은 흔한 일이다.

- **sort out** (문제를) 해결하다
  You need to sort out your problems with your brother.
  너는 너의 형과의 문제를 해결해야 돼.

The two men are working at an office. One man is playing a practical joke on the other. He has stuck a small sign that says 'kick me' on his co-worker. His co-worker is unaware of the sign. When other people see the sign, they will laugh, but this man will have no idea why they are laughing.

두 남자가 사무실에서 일을 하고 있다. 한 남자가 다른 남자에게 장난을 치고 있다. 그는 동료에게 "날 걷어차"라고 쓰여 있는 조그만 종이쪽지를 붙였다. 그 동료는 그 쪽지가 붙어있는 것을 모르고 있다. 다른 사람들이 그 쪽지를 봤을 때 웃을 것이지만 이 남자는 왜 그들이 웃는지 모를 것이다.

Words & Phrases

- **play a practical joke on sb** …에게 장난을 치다
  Gotcha! I was only playing a joke on you!
  속았지? 그냥 장난친거야!

- **stick a small sign that says~** …라고 쓰여 있는 쪽지를 붙이다
  You can stick a small sign on the door that says 'keep out.'
  넌 '들어오지 마시오'라고 적혀 있는 쪽지를 문에 붙여 놓으면 돼.

- **have no idea why~** 왜 …인지 알지 못하다
  I have no idea why you care so much.
  네가 왜 그렇게 신경을 많이 쓰는지 모르겠어.

The man **is fast asleep** at his desk in his office. He is surrounded by piles of paperwork that he must complete. **It is clear that** he **is burnt out** and exhausted from working long hours, and he fell asleep while he was still doing paperwork.

남자가 사무실 자기 책상 위에서 깊이 잠들었다. 그의 주변에는 그가 마쳐야 하는 서류파일들이 놓여져 있다. 그는 오랜 시간 일을 하여서 완전히 지쳤고 아직 처리해야 할 서류들이 있음에도 잠이 든 것이 분명하다.

Words & Phrases

- **be fast asleep** 깊이 잠에 빠지다
  I wanted to talk to Miles, but he was fast asleep.
  난 마일스와 얘기하고 싶었는데 깊은 잠에 빠졌어.

- **It is clear that S+V** …하는 것은 명백하다
  It was clear to Chris that Martin wouldn't take his side.
  마틴이 자기 편을 들지 않을거라는 걸 크리스는 분명히 알고 있었어.

- **be burnt out** 완전히 지쳐 빠지다
  Were you burned out on your marriage?
  너 결혼 생활에 완전히 지쳤어?

The couple is standing outside, and they are arguing. The woman is especially upset, and she is yelling at the man and holding her finger up in the air. The man looks worried, so he may have made a mistake that angered his girlfriend. They are very unhappy right now, and they may have to break up.

커플이 밖에 서서 다투고 있다. 특히 여자가 화가 났으며 공중에 손가락질을 하면서 남자에게 소리를 지르고 있다. 남자는 걱정스러운 표정이다. 그는 여친을 화나게 하는 실수를 했을지도 모른다. 그들은 지금 당장 기분이 무척 안좋아 보이며 그들은 헤어져야 될지도 모른다.

Words & Phrases

- **argue** 다투다
  My sister and I argue a lot these days.
  누이와 내가 요즘 많이 다퉈.

- **yell at** …에게 소리치다
  Kids yelling at each other over nothing.
  별 일도 아닌 걸로 서로 소리지르는 얘들말야.

- **hold one's finger up in the air** 공중으로 손가락 짓을 하다
  He held his finger in the air to silence everyone.
  다들 조용히 하라고 공중에 대고 손가락 짓을 했어.

The two men are standing up, with angry looks on their faces. One man has his arm drawn back, ready to punch the other. It is a serious argument, and they are both furious. If they don't calm down, they may hurt each other and get arrested by the police.

두 명의 남자가 화난 표정을 얼굴에 짓고 서 있다. 한 남자는 손을 뒤로 잡아당기고 다른 사람을 칠 준비를 하고 있다. 아주 심각한 다툼이고 그들은 모두 화가 치밀어 올랐다. 그들이 진정하지 않으면 서로에게 해코지를 하고 경찰에 체포될 것이다.

Words & Phrases

- ## with ~ look on one's face 얼굴에 …표정을 짓고
  Karen just stood there with a confused look on her face.
  카렌은 당황한 표정을 짓고 거기에 서 있었어.

- ## calm down 진정하다
  Don't tell me to calm down!
  나보고 침착하라고 말하지마!

- ## get arrested 체포되다
  We don't understand why we were arrested.
  왜 우리가 체포되었는지 모르겠어.

The man is standing over the woman, ready to hit her. The woman has her arms raised in front of her face to protect herself. This is a form of domestic violence that sometimes occurs between couples. If it is reported to the police, the man will be arrested and sent to jail.

남자가 여자 위에 서서 칠 준비를 하고 있다. 여자는 자신을 방어하기 위해 얼굴 앞으로 두 팔을 올리고 있다. 이는 종종 커플 사이에서 일어나는 가정내 폭력의 한 형태이다. 경찰에 신고가 되면 그 남자는 체포되고 감방에 갈 것이다.

Words & Phrases

- **have one's arms raised** 두 팔을 올리다
  I had my arms raised in front of my face to keep from being punched.
  난 맞지 않으려고 얼굴 위로 두 팔을 올리고 있었어.

- **protect oneself** 방어하다
  You were trying to protect yourself.
  넌 널 보호하려고 했잖아.

- **be reported to the police** 경찰에 신고되다
  Several thefts were reported to the police.
  몇몇 절도사건이 경찰에 신고되었다.

The two men are engaged in a fight. It is very violent. One man has grabbed the other man's tie. The man with the tie has punched him in the face. He seems stunned, but he is going to try to hit the man back. Someone is going to get hurt.

두 명의 남자가 싸우고 있다. 매우 폭력적이다. 한 남자는 다른 남자의 넥타이를 잡고 있다. 넥타이를 맨 남자는 그의 얼굴을 가격하고 있다. 그는 놀란 것처럼 보이지만 그는 되받아 치려고 할 것이다. 누군가 다칠 것이다.

Words & Phrases

- **be engaged in a fight** 싸움을 벌리고 있다
  The two boys were engaged in a fight.
  그 두 소년은 싸움을 벌이고 있었어.

- **punch sb in the face** …의 얼굴을 가격하다
  I was so pissed off I punched him in the face.
  난 화가 너무 나서 걔 얼굴에 펀치를 날렸어.

- **get hurt** 다치다
  I hope that she doesn't get hurt.
  걔가 다치지 않기를 바래.

A group of men has been drinking at a bar, and now two of them are having a disagreement. Maybe they are drunk. Their friends are holding them back, trying to calm them down. If they start hitting each other, everyone is going to get into trouble. The owner of the bar is going to throw them out.

남자들이 바에서 술을 마시다 이제는 그 중 두 명이 의견충돌을 일으켰다. 아마도 술에 취한 것 같다. 그들의 친구들은 그들을 말리고 진정시키려고 한다. 그들이 서로 치기 시작하면 다들 곤경에 처하게 될 것이다. 바 주인은 그들을 밖으로 내쳤다.

Words & Phrases

- **have a disagreement** 다투다, 의견이 충돌되다
  We have to put aside our disagreement and face reality.
  우리의 불화는 잠시 제쳐두고 현실을 직시해야 돼.

- **hold back** 말리다, 숨기다
  Did he hold back information on this issue?
  이 문제에 대한 정보를 걔가 숨겼어?

- **get into trouble** 곤경에 처하다
  My son keeps getting into trouble at school.
  내 아들이 계속 학교에서 사고를 쳐.

The two men are sitting at a bar, having drinks. One man looks depressed. He is having personal problems that are making him unhappy. His friend is comforting him and telling him everything will be okay. It's important to have friends you can rely on.

두 명의 남자가 바에 앉아서 술을 마시고 있다. 한 남자는 우울하게 보인다. 그는 개인적인 문제들이 있는데 그 때문에 기분이 안좋다. 그의 친구는 그를 위로하고 있고 다 괜찮아질 거라고 말한다. 믿을 수 있는 친구가 있다는 것은 중요하다.

Words & Phrases

- **have personal problems** 개인적인 문제들이 있다
  Ginger acts unkind because she has personal problems.
  진저는 개인적인 문제들이 있어서 불쾌하게 굴어.

- **comfort sb** …을 위로하다
  The nurse comforted him after he got hurt.
  간호사는 그가 다친 후에 그를 위로하였다.

- **have friends you can rely on** 의지할 수 있는 친구가 있다
  You need to have friends you can rely on when you are in trouble.
  어려울 때 의지할 수 있는 친구가 있어야 돼.

The couple has been arguing all day. Now it's night time, and the man is trying to make up with his wife. He hopes they can reconcile, and possibly have sex. The woman is pushing him away. She is still very unhappy, and she doesn't want to be near her husband.

커플은 온 종일 다투었다. 이제는 저녁 시간이고 남자는 아내와 화해를 하려고 하고 있다. 그는 화해를 해서 혹 섹스하기를 바란다. 여자는 남자를 밀어내고 있다. 그녀는 아직까지 아주 기분이 좋지 않아서 남편 옆에 있고 싶어하지 않는다.

Words & Phrases

- **make up with** …와 화해하다
  We fought, but I'll make up with her later.
  우린 싸웠지만 나중에 그녀와 화해할거야.

- **push sb away** …을 밀어내다
  He was acting like a jerk so I pushed him away.
  걔가 멍충이처럼 행동을 해서 내가 밀쳐냈어.

- **be near sb** …근처에 있다
  She was near her mom on the airplane flight.
  그녀는 비행기 타고 가는 동안 엄마 옆에 있었어.

Chapter 07

Weather, etc.

The man is standing outside in the sun. The temperature is very hot, and he is wiping sweat from his brow. Global warming has caused temperatures to increase every summer. Many people are affected because they feel too hot when they go outside.

남자가 태양이 내리쬐는 밖에 서 있다. 기온이 무척 높고 이마에 흐르는 땀을 닦고 있다. 지구 온난화로 매년 여름 기온이 상승하고 있다. 많은 사람들은 밖에 나갈 때 너무 덥기 때문에 영향을 받고 있다.

Words & Phrases

- **wipe sweat from~** …의 땀을 닦다
  Steve wiped sweat from his forehead after exercising.
  스티브는 운동 후에 이마에 난 땀을 닦았어.

- **cause ~ to+V** …가 …하는 것을 초래하다
  The broken stove caused the apartment to catch on fire.
  전기 난로가 망가지면서 아파트에 불이 붙었어.

- **go outside** 외출하다
  I thought you told me to go outside.
  난 네가 나보고 나가 있으라고 한 줄 알고 있는데.

The men are firefighters, and they are dressed in protective gear, with oxygen tanks to help them breathe. A fire is billowing out of the old building, and they must put it out. The men are holding a high pressure hose, and they are using water from it to extinguish the flames in front of them.

남자들은 소방관들이다. 보호복을 입고 있으며 숨을 쉬는데 도움을 주는 산소탱크를 메고 있다. 화재가 낡은 건물에서부터 피어올랐고 그들은 그것을 꺼야 한다. 소방관들은 고압호스를 잡고 있고 호스에서 나오는 물을 이용해 자신들 앞의 화염을 끄고 있다.

Words & Phrases

- **help sb+V** ···가 ···하는데 도움이 되다
  Would you just stay and help me get dressed?
  남아서 나 옷 입는거 좀 도와줄테야?

- **put out** 불을 끄다
  When I realized I couldn't put out the fire, I ran.
  내가 불을 끌 수 없다는 것을 알았을 때 난 달렸어.

- **extinguish the flames** 화염을 진압하다
  The water hose was used to extinguish the flames.
  물호스가 화염을 진압하는데 사용됐어.

A man with a snow shovel is clearing off the sidewalk. He is dressed in a warm coat because it is cold outside. There is snow everywhere, and the snowflakes are continuing to fall. He will probably have to shovel off the walk several times today.

눈삽을 들고 있는 남자가 인도에서 눈을 치우고 있다. 그는 밖이 춥기 때문에 따뜻한 코트를 입고 있다. 어디에나 눈이 쌓여 있으며 계속해서 눈발이 내리고 있다. 그는 아마도 오늘 여러 번 인도의 눈을 치워야 할 지도 모른다.

Words & Phrases

- **clear off** 치우다
  Clear off the table so we can put our books on it.
  우리 책 좀 올려놓게 테이블 좀 치워.

- **continue to fall** 계속해서 내리다
  The rain has continued to fall all night.
  비가 밤새 계속해서 내렸다.

- **shovel off** 삽으로 치우다
  Please go outside and shovel off the sidewalk.
  밖에 나가서 보도 위의 눈을 좀 치워라.

The road has been seriously damaged. An earthquake has broken it into pieces, and a portion of it has crumbled and fallen to the side. Also, an electric pole and wires have fallen and are hanging over the road. This is a very dangerous situation, and no drivers are allowed to come here.

도로가 아주 심하게 망가져 있다. 지진으로 도로는 산산조각이 되었으며 일부가 한쪽으로 무너져버렸다. 또한 전봇대와 전봇줄이 밑으로 떨어져 도로 위에 매달려 있다. 아주 위험한 상황이며 모든 차량은 이곳에 통행금지이다.

Words & Phrases

- **be damaged** 망가지다
  The merchandise I received was damaged.
  내가 받은 상품이 손상되었는데요.

- **crumble** 무너지다
  The old building has started to crumble.
  그 낡은 빌딩이 무너지기 시작했어.

- **be allowed to+V** …하는 것이 허용되다
  You are allowed to leave the building.
  너 이 건물에서 나가도 돼.

The woman is wearing a warm hat and coat. It is a winter day, and although the sun is out, it is still very cold. There is snow on the ground and in the branches of the trees. She doesn't have gloves. She feels a little chilly and is blowing on her hands to warm them up.

여자가 따뜻한 모자와 코트를 입고 있다. 겨울 날씨로 태양이 떴지만 아직도 매우 춥다. 바닥과 나무 가지에는 눈이 쌓여 있다. 그녀는 장갑을 가져오지 않아서 좀 추위가 느껴져 손을 따뜻하게 하기 위해 손에 입김을 불어넣고 있다.

Words & Phrases

- **feel chilly** 추위를 느끼다
  You better put on a jacket if you feel chilly.
  추우면 자켓을 입도록 해.

- **blow on one's hands** 두 손에 입김을 불어넣다
  I blew on my hands to warm them up.
  두 손에 입김을 불어넣어 두 손이 따뜻해지도록 했어.

- **warm ~ up** …을 따뜻하게 하다
  Drink some coffee and it will warm you up.
  커피 좀 마시고 몸을 따뜻하게 해.

The city is on the ocean's coast. A large Tsunami wave has formed and it is washing over many of the buildings. This will cause a lot of death and destruction. Many people who weren't expecting danger will be washed out to sea when it hits.

도시는 바다의 해변가에 위치해 있다. 대형 쓰나미가 형성되어서 많은 건물들을 쓸어버리고 있다. 이로 인해 많은 사람이 죽고 많은 것들이 파괴될 것이다. 위험을 예상하지 못한 많은 사람들은 쓰나미가 몰아칠 때 바다로 휩쓸려 갈 것이다.

Words & Phrases

- **wash over** 엄습하다, 밀려오다
  The wave washed over the people on the beach.
  파도가 해변가 사람들 위로 밀려왔다.

- **This will cause~** 이로 인해 …가 발생할 것이다
  This will cause many people to become angry.
  이로 인해서 많은 사람들이 화를 낼 것이다.

- **wash out to~** …로 씻겨 내려가다
  The flooding washed some cars out to sea.
  홍수로 일부 차들이 바다로 씻겨내려 갔다.

The man is looking at his smart phone. This app shows him the current temperature and the forecast of how hot it's going to be. He can see that it's going to be much hotter soon. He better find someplace with air conditioning to cool off.

남자는 자신의 스마트폰을 보고 있다. 이 어플은 현재 온도를 가리키며 앞으로 얼마나 더울지 예상을 해준다. 그는 곧 더 더워질거라는 것을 알 수가 있다. 그는 시원해지기 위해 에어컨이 있는 곳을 찾는 게 낫다.

Words & Phrases

- **This app shows sb sth** 이 어플은 …에게 …를 보여준다
  This app shows parents where their children are.
  이 어플은 자식들의 위치를 알려준다.

- **He can see that S+V** …를 알 수가 있다
  I can see that you care about him.
  네가 걔를 신경쓰는 걸 알겠어.

- **He better+V** …하는 것이 낫다, …해야 한다
  He'd better remember how to do it.
  걘 그거 하는 법을 기억해야 돼.

The man **is hanging onto** a lamp post with one hand. It is so **windy** that he **is being blown** horizontally to the ground, and his umbrella has collapsed. This is an unusual storm. It may be a hurricane, which has incredibly strong winds.

남자는 한 손으로 가로등 기둥에 매달려 있다. 바람이 너무 불어서 그는 바닥과 수평으로 날리고 있고 그의 우산은 망가졌다. 이는 흔하지 않은 태풍으로 엄청나게 강한 바람을 몰고 오는 허리케인일 수도 있다.

Words & Phrases

- **hang onto~** …에 매달리다
  Hang onto the subway strap so you don't fall.
  넘어지지 않게 지하철 손잡이를 잡고 있어.

- **windy** 바람이 많이 부는
  It was so windy my umbrella blew away.
  바람이 너무 불어서 우산이 날라갔어.

- **be blown** 바람에 날려가다
  The leaves were blown off the tree during the storm.
  폭풍이 부는 사이에 나뭇잎들이 바람에 날려갔어.

The people are walking up a wide stone staircase, into a building. They **are going to church.** For many Christian people, it is an obligation to **attend a church service** on every Sunday of the year. **It is a way to show** faithfulness to God.

사람들이 넓은 돌계단을 걸어 올라가 건물 안으로 들어가고 있다. 그들은 예배보러 가고 있다. 많은 기독교인들에게 연중 일요일마다 빠짐없이 예배를 보는 것은 의무이다. 그건 신에게 충실함을 보여주는 방식의 하나이다.

Words & Phrases

- **be going to church** 교회에 예배보러 가다
  The group is going to church in the morning.
  사람들은 아침에 예배보러 가.

- **attend a church service** 예배를 보다
  We attended a church service every Sunday with my parents.
  우리는 부모님과 함께 매주 일요일 예배를 봐.

- **It's a way to show~** …을 보여주는 한 방식이다
  It's a way to show people that you love them.
  그건 사람들에게 네가 그들을 사랑하고 있다는 것을 보여주는 한 방식이야.

The man is holding his cell phone in his hands. A woman is lying on the floor in front of him, and she is unconscious. He is dialing 911 to summon an ambulance because it is an emergency. He will give the dispatcher his address so that the paramedics can come and take her to the hospital.

남자는 두 손에 자기 핸드폰을 들고 있다. 한 여자가 그 앞의 바닥에 누워 있고 의식불명이다. 응급상황으로 그는 911에 전화해서 앰뷸런스를 부르고 있다. 그는 응급배차원에게 주소를 알려줘서 구급대원들이 와서 그녀를 병원으로 이송하도록 할 것이다.

Words & Phrases

- **dial 911** 911에 전화하다
  Dial 911! Someone just had a car accident!
  911에 전화해! 어떤 사람이 교통사고났어!

- **summon an ambulance** 앰뷸런스를 부르다
  It took thirty minutes to summon an ambulance.
  앰뷸런스가 오는데 30분이 걸렸어.

- **take sb to the hospital** 병원으로 데려가다
  If her chest hurts, take her to the hospital.
  걔 가슴에 통증이 있다면 병원으로 데려가.

The security camera is hanging above a walkway, where it has a view of everything. Security cameras monitor the people that are in an area. They help to reduce crime, but they also reduce the privacy of people who are not doing bad things.

보안카메라가 통로 위에 매달려 있으며 모든 것을 다 보고 있다. 보안카메라는 그 지역에 있는 사람들을 모니터한다. 그것들은 범죄를 줄이는데 도움이 되지만 또한 나쁜 짓을 하지 않는 사람들의 사생활 보호를 약화시키고 있다.

Words & Phrases

- **have a view of~** ···를 보다
  The security guard has a view of the building's entrance.
  경비원이 건물 입구를 보고 있다.

- **help to+V** ···하는데 도움이 되다
  The signs will help to guide tourists.
  그 표지판들은 여행객들을 안내하는데 도움이 된다.

- **do bad things** 나쁜 짓을 하다
  Criminals do bad things and get arrested.
  범죄자들은 나쁜 짓을 하고 잡히게 된다.

The man is sitting at a table, sipping a cup of coffee. He is wearing a suit because he is supposed to meet a business colleague. He is looking at his watch because it is getting late and his colleague has still not arrived. It is unprofessional to be late without having a good reason.

남자는 테이블에 앉아서 커피를 조금씩 마시고 있다. 그는 사업상 동료를 만나기로 되어 있기 때문에 정장을 입고 있다. 그는 시간이 지났는데 동료가 아직 오지 않아서 시계를 쳐다보고 있다. 타당한 이유 없이 늦는 것은 프로답지 못한 일이다.

Words & Phrases

- **sip a cup of coffee** 커피를 조금씩 마시다
  I sipped a cup of coffee while waiting for Chris.
  난 크리스를 기다리는 동안 커피를 조금씩 마셨어.

- **wear a suit** 양복을 입고 있다
  It's best to wear a suit to an interview.
  면접이 있을 때는 양복을 입는게 최고야.

- **It's unprofessional to+V** …하는 것은 프로답지 않다
  It's unprofessional to criticize your boss.
  상사를 비난하는 것은 프로답지 않아.

The drones are flying through the skies of a city. They are carrying cardboard boxes with items that need to be delivered to specific addresses. Some people think that in the future, drones will be used to deliver packages to households, instead of mail carriers.

드론들이 도시의 하늘을 나르고 있다. 드론은 특정 주소지에 배달되어야 하는 물품이 든 박스들을 나르고 있다. 미래에는 드론이 배달원을 대신해서 각 가정에 물건들을 배달하는데 이용될거라 생각하고 있다.

Words & Phrases

- **be used to+V** …하는데 이용되다
  This app is used to monitor traffic jams.
  이 어플은 교통체증을 모니터하는데 사용되고 있어.

- **deliver packages to households** 각 가정에 소포를 배달하다
  The mailman delivers packages to various households.
  배달원이 각 가정에 소포를 배달하고 있다.

- **instead of** …대신에
  I usually walk up and down the stairs instead of taking elevators.
  난 보통 엘리베이터 대신 계단을 오르내려.

The woman is in her kitchen, and she is holding a fire extinguisher. Some food she has been cooking has caught on fire, and she has to put out the fire herself before it gets worse. She looks worried because it could be a dangerous situation.

여자는 부엌에 있으며 소화기를 들고 있다. 그녀가 요리하던 음식 일부에 불이 붙어서 그녀는 상황이 더 나빠지기 전에 불을 꺼야 한다. 그녀는 위험한 상황이기 때문에 걱정스런 표정이다.

Words & Phrases

- **catch on fire** 불이 붙다
  Move the papers off the stove or they will catch on fire.
  그 종이들을 난로 옆에서 치우지 않으면 불이 붙을거야.

- **before it gets worse** 상황이 더 나빠지기 전에
  Get treatment for your illness before it gets worse.
  상태가 더 나빠지기 전에 네 병을 치료해.

- **look worried because S+V** …하기 때문에 걱정스런 표정이다
  She looks worried because someone saw her cheating on her boyfriend.
  그녀는 자기가 남친몰래 바람피는게 들켰기 때문에 걱정스런 표정을 지었어.

The woman is holding up her smart phone to take a selfie. She is wearing casual clothes and sunglasses. She will post this picture online to show her friends what she has been doing. A lot of people take selfies of themselves while they are on vacations or doing special things, so they can remember that time of their life.

여자는 스마트폰을 들고서 셀카를 찍고 있다. 그녀는 일상복과 선글래스를 쓰고 있다. 그녀는 이 사진을 온라인에 올려서 자기의 근황을 친구들에게 보여줄 것이다. 많은 사람들이 휴가 중일 때 혹은 뭔가 특별한 일을 할 때 인생의 그 순간을 기억하기 위해 셀카를 찍는다.

Words & Phrases

- **take a selfie** 셀카를 찍다
  I'd like to take a selfie with a celebrity.
  난 유명인과 셀카를 찍고 싶어.

- **post the picture online** 온라인에 사진을 올리다
  You can post the picture online after you get home.
  집에 가서 온라인에 사진을 올려.

- **remember that time of one's life** 인생의 그 순간을 기억하다
  I liked high school, and want to remember that time of my life.
  난 고등학교 시절이 좋았고, 내 인생의 그 순간을 기억하고 싶어.

02:34:32

CAM3

The man with a mask on is holding a crowbar and trying to break open a window. He plans to go inside the building to steal things. A security camera is recording what is happening. If someone is monitoring the camera, they will summon the police to catch this criminal.

복면을 한 남자가 쇠지렛대를 들고 창문을 부수고 열려고 한다. 그는 물건들을 훔치기 위해서 건물 안으로 들어갈 계획이다. 보안카메라가 일어나는 일을 녹화하고 있다. 누군가 카메라를 보고 있다면 그들은 경찰을 불러서 그 범죄자를 잡을 것이다.

Words & Phrases

- **break open a window** 창문을 부수고 열다
  I had to break open a window after being locked out of the house.
  난 열쇠를 두고 집을 나왔기 때문에 유리창을 깨야 했다.

- **plan to+V** …할 계획이다
  I plan to move to another apartment next month.
  다음 달에 다른 아파트로 이사할 계획야.

- **go inside~** …의 안으로 들어가다
  Why don't we go inside the nightclub?
  나이트클럽 안으로 들어가자.

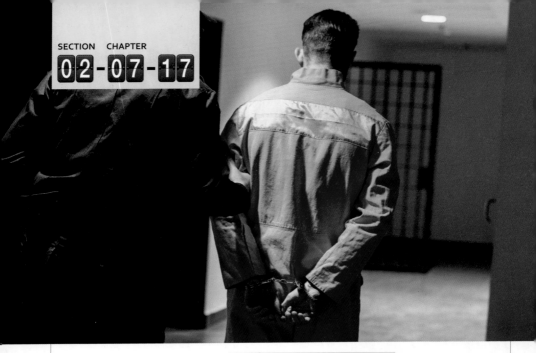

The man in the uniform **is escorting a prisoner to** his jail cell. The prisoner is wearing an orange jumpsuit. He has his hands cuffed behind his back. He was arrested for doing something illegal, and now he must **stay in jail** until his case **goes to trial.**

유니폼을 입은 남자가 죄수를 감방으로 데리고 가고 있다. 죄수는 노란색 점프슈트를 입고 있다. 그는 손을 뒤로 해서 수갑이 채워져 있다. 그는 뭔가 불법적인 일을 하다 체포되었고 이제 그는 자기 사건 이 재판에 회부되기 전까지는 구치소에 있어야 한다.

Words & Phrases

- **escort sb to~** …을 …로 데리고 가다
  The security guard escorted her to her car.
  경비원은 그녀를 그녀의 차까지 에스코트했다.

- **stay in jail** 구치소에 있다
  He has to stay in jail for at least a year.
  그는 적어도 일 년 동안은 구치소에 있어야 돼.

- **go to trial** 재판에 회부되다
  The case will go to trial in November.
  이 사건은 11월에 재판에 회부될거야.

The man and woman are sitting on a sofa. They are both workers in the same office. The man has his hand on the woman's leg. She is trying to push him away because she doesn't want to have sex with him. Many women have experienced sexual harassment at their workplace.

남녀가 소파에 앉아 있다. 그들은 같은 사무실에서 일하는 직원들이다. 남자는 손을 여자의 다리 위에 올려놓고 있다. 그녀는 그와 섹스를 하고 싶지 않기 때문에 그를 밀쳐내려고 한다. 많은 여자들이 자신의 직장에서 성희롱을 경험한다.

Words & Phrases

- **push sb away** 밀어내다
  When Alan tried to kiss her, she pushed him away.
  앨런이 그녀에게 키스하려고 했을 때 그녀는 그를 밀쳐냈어.

- **have sex with** …와 섹스하다
  He probably just ran out of girls to have sex with.
  걘 아마도 섹스할 여자들이 떨어졌나봐.

- **experience sth** …을 경험하다
  There are two things I hoped to experience in my lifetime.
  평생 살면서 경험해보고 싶었던게 두가지가 있어.

SECTION CHAPTER
02-07-19

The woman is leaning into a car window, talking to the man inside. She is wearing a short skirt and fishnet stockings. She works as a prostitute and charges men to have sex with her. Prostitution can be dangerous, and is illegal in most places.

여자가 차문 안쪽으로 몸을 기울이고 안에 있는 남자에게 말을 하고 있다. 그녀는 미니스커트와 그물망 스타킹을 신고 있다. 그녀는 매춘부이며 자신과 섹스하는 대가로 돈을 요구한다. 매춘은 위험하며 대부분 지역에서 불법이다.

Words & Phrases

- **be leaning into~** …안으로 몸을 기울이고 있다
  She was leaning into the door, talking with us.
  그녀는 몸을 문 안쪽으로 기대고 우리와 얘기를 하고 있었어.

- **work as~** …로 일하다
  I worked as a bartender when I was attending college.
  난 대학교에 다닐 때 바텐더로 일했어.

- **charge sb to+V** …하는데 …에게 비용을 청구하다
  They charged me to use the Internet at the hotel.
  호텔에서 인터넷 사용비를 청구했어.

314 네이티브는 이렇게 말한다

The man's gloved hand is reaching into the woman's purse to steal her cell phone. He works as a pickpocket, stealing things that don't **belong to** him. Pickpocketing **is very common** in places where there are many people, and in areas with tourists. The woman will **be very upset when she discovers** her phone is missing.

남자의 장갑 낀 손이 여자의 핸드폰을 훔치기 위해 여자의 지갑 안으로 들어가고 있다. 그는 소매치기 이고 남의 것을 훔친다. 소매치기는 사람들이 많은 곳에서 그리고 관광객이 많은 지역에서 매우 흔하 다. 그녀는 핸드폰이 없어진 것을 알게 되면 무척 화가 날 것이다.

Words & Phrases

• **belong to~** …의 것이다
I have something that belongs to you.
네 것을 뭔가 갖고 있어.

• **be very common** 매우 흔하다
It is very common for people to fail this exam.
사람들이 이 시험에 떨어지는 것은 아주 흔한 일이야.

• **be upset when one discovers~** …을 알았을 때 화가 나다
He was upset when he discovered his visa was denied.
걔는 자기 비자가 거절당한 것을 알았을 때 화가 났었다.

The man with the glasses is picking his nose with his finger. He is trying to pull a booger out. This is usually not something that is done in public. Many people think that a person picking his nose is disgusting and a dirty habit to have. If this man picks his nose often, his friends may start complaining.

안경을 끼고 있는 남자가 손가락으로 코를 후비고 있다. 그는 코딱지를 빼내려고 한다. 이는 사람들이 있는 곳에는 보통 하지 않는 짓이다. 많은 사람들은 코를 후비는 사람은 역겹고 추한 습관이라고 생각 한다. 이 남자가 코를 자주 후비면 그의 친구들은 불평을 하기 시작할지 모른다.

Words & Phrases

• **pick one's nose with one's finger** 손가락으로 코를 파다
The little boy picked his nose with his finger.
그 소년은 손가락으로 코딱지를 파내고 있었다.

• **pull ~ out** …을 빼내다
I pulled a shirt out of the drawer.
난 서랍에서 셔츠를 꺼냈어.

• **be done in public** 사람들 있는 곳에서 행해지다
Government hearings should be done in public.
정부 청문회는 공개적으로 행해져야 한다.

The businessman is standing in front of a chart showing the world's stock markets. They have all fallen sharply. He has both hands pressed to the sides of his head. He is dismayed because he lost a lot of money today.

비즈니스 맨이 세계 주식시장을 보여주는 차트 앞에 서 있다. 주가가 급격하게 하락했다. 그는 두 손으로 머리 뒤를 감싸고 있다. 그는 오늘 돈을 많이 잃어서 크게 실망하고 있다.

Words & Phrases

- **fall sharply** 급격하게 떨어지다
  The Dow Jones futures fell sharply Monday morning.
  다우 선물지수가 월요일 아침 큰폭으로 떨어졌다.

- **be dismayed** 실망하다
  I was dismayed when my girlfriend broke up with me.
  여친이 나와 헤어졌을 때 실망했어.

- **lose a lot of money** 돈을 많이 잃다
  Louie lost a lot of money in the casino.
  루이는 카지노에서 많은 돈을 잃었어.

The stock market traders are in front of their computers in their office. It is the end of a long day, but they are very happy. Today the markets were profitable and they made a lot of money. They are applauding and they will go out for drinks later to celebrate.

주식거래인들이 사무실 컴퓨터 앞에 있다. 긴 하루가 끝나고 있지만 그들은 매우 기뻐하고 있다. 오늘 시장은 수익을 냈고 그들은 많은 돈을 벌었다. 그들은 박수를 치고 나중에 밖에 나가서 술을 마시며 축하할 것이다.

Words & Phrases

- **be profitable** 이익을 내다
  The business was profitable soon after it opened.
  그 사업은 개업 후 바로 이익을 냈어.

- **make a lot of money** 돈을 많이 벌다
  I had a big day. I made a lot of money.
  오늘 아주 중요한 날이었어. 돈을 많이 벌었어.

- **go out for drinks** 나가서 술을 마시다
  We went out for drinks last night, and he picked up two women!
  간밤에 술 마시러 나갔는데, 걔가 여자를 2명이나 꼬시더라구!

The people are standing together in the darkness, with candles in their hands. They are holding a vigil to honor the memory of someone they knew. Sometimes when someone dies unexpectedly or a terrible crime happens, a candlelight vigil is held as a sign that they will never forget.

사람들이 두 손에 초를 들고 어둠 속에 함께 서 있다. 그들 자신들이 알고 있는 누군가에 대한 기억을 기념하기 위해 집회를 하고 있다. 때때로 어떤 사람은 갑자기 죽거나 끔찍한 범죄가 일어날 때 촛불집회는 결코 잊지 않겠다는 표시로 열리기도 한다.

Words & Phrases

- **with candles in one's hands** 두 손에 초를 들고
  The church members stood with candles in their hands.
  교회신도들이 양손에 촛불을 들고 서 있었어.

- **hold a vigil to~** …하기 위해 집회를 열다
  Students held a vigil to remember a classmate who had died.
  학생들이 사망한 동급생을 기리기 위해 집회를 열었어.

- **honor the memory of~** …의 기억을 하다
  This plaque is to honor the memory of our fallen soldiers.
  이 명판은 전몰장병들을 기리기 위한 것이다.

Chapter 08

Body Language & Idioms

The two people are giving each other a high five. They have just completed a presentation, and they did a good job. Giving a high five in this situation is a way of celebrating that something has gone well and been a success.

두 명이 서로 하이파이브를 하고 있다. 그들을 방금 프레젠테이션을 끝냈는데 아주 잘하였다. 이런 상황에서 하이파이브를 하는 것은 뭔가 잘 되어서 성공했을 때 기념하는 한 방식이다.

Words & Phrases

- **give sb a high five** …에게 하이파이브를 하다
  What was Rick giving the high five to David for?
  릭이 왜 데이비드와 손뼉을 마주친거죠?

- **complete a presentation** 발표회를 마치다
  It will take fifteen minutes to complete a presentation.
  발표회를 마치는데 15분이 걸릴거야.

- **go well** 잘 되다
  You don't look like the interview went well.
  넌 면접이 잘 되지 않은 것처럼 보여.

The woman has her two hands together in the shape of a heart. She is smiling. This symbolizes the love she is feeling. Some people will form a heart with their hands to signal their feelings about someone without talking. The woman is feeling a strong and positive emotion.

여자가 두 손을 모아서 심장 모양을 만들고 있다. 미소를 짓고 있다. 이는 그녀가 느끼는 사랑의 감정을 상징한다. 사람들 중에는 말없이 누군가에게 사랑하는 감정을 표시하기 위해서 두 손으로 심장모양을 만든다. 이 여자는 강하고 긍정적인 감정을 느끼고 있다.

Words & Phrases

- **This symbolizes~** 이것은 …을 상징한다
  This symbolizes the friendship between the two countries.
  이것은 양국사이의 우호를 상징한다.

- **form a heart with one's hands** …의 손으로 심장을 만들다
  She formed a heart with her hands when her boyfriend drove away.
  남친의 차가 멀어질 때 그녀는 손으로 심장모양을 만들었다.

- **signal one's feelings** …의 감정을 나타내다
  Tom doesn't like to signal his feelings to others.
  탐은 다른 사람들에게 자기 감정을 나타내는 것을 싫어해.

The woman is putting her hands together and signaling for a time out. This is a gesture used in American football when one of the teams has called a time out. When this woman does it, it is a way to ask someone to stop doing something for a while, to resume at a later time.

여자는 두 손을 이용해서 타임아웃(잠시중단)을 나타내고 있다. 이 손모양은 미식축구에서 한 팀이 타임아웃을 요청했을 때 사용되었다. 이 여자가 이런 동작을 할 때는 다른 사람에게 잠시 하던 일을 멈추고 조금 후에 다시 시작하라고 말하는 방식이다.

Words & Phrases

- **put ~ together** 모으다
  The church members put their hands together to pray.
  교회신도들은 두 손을 모아서 기도를 했다.

- **ask sb to+V** …에게 …하라고 말하다
  Jerry asked me to help him move.
  제리는 자기 이사하는 것을 도와달라고 내게 부탁했어.

- **stop ~ing** …하는 것을 멈추다
  We had to stop working for forty five minutes.
  우리는 45분 동안 일을 멈추어야 했어.

The young woman has her hands raised in an upward gesture. She has a slightly frustrated expression on her face, and her cheeks are puffed out. Her gesture indicates she is not sure about something, or doesn't know the answer to something she has been asked. She is saying "I don't know".

젊은 여자가 두 손을 위로 향하는 제스처를 짓고 있다. 그녀의 얼굴은 좀 실망한 표정을 짓고 있고 그녀의 두 볼은 볼록하게 만들었다. 그녀의 제스처는 뭔가에 대해 잘 모르겠거나 질문 받은 것에 대해 답을 모른다는 것을 나타낸다. 그녀는 "난 모르겠는데"라고 말하고 있는 것이다.

Words & Phrases

- **be puffed out** 볼록하게 튀어나오다
  His cheeks were puffed out as he held his breath.
  그의 양볼은 숨을 참자 볼록하게 튀어나왔다.

- **be not sure about~** …에 대해 잘 모르다
  I'm not sure about any of this.
  이건 전혀 모르겠어.

- **know the answer to~** …의 답을 알다
  I think I know the answer to this question.
  내가 그 문제의 답을 알 것 같아.

The man has his eyes closed tightly and he is holding up both hands, with crossed fingers. He is hoping that something good will happen, and he is keeping his fingers crossed for good luck. He may be wishing that his job interview will go well.

남자는 두 눈을 질끈 감고 있으며 손가락을 꼬인 채로 양손을 들고 있다. 그는 뭔가 좋은 일이 일어나기를 희망하며 행운을 빌어주기 위해서 손가락으로 십자가를 만들고 있다. 그는 자기의 취업면접이 잘 되기를 바랄지도 모른다.

Words & Phrases

- **He is hoping that S+V** …을 바라고 있다
  I'm hoping that I will become very wealthy.
  내가 아주 부유해지면 좋겠어.

- **keep one's fingers crossed** 행운을 빌어주다
  I'm keeping my fingers crossed that he'll pass the exam.
  걔가 시험에 붙으라고 행운을 빌어 줄게.

- **He may be wishing that S+V** 걘 …을 바랄지도 모른다
  He may be wishing that someone calls him.
  그는 누가 자기에게 전화하기를 바랄지도 몰라.

The young woman is using her fingers to make the letter 'L' on her forehead. This is a way of mocking or insulting another person by insinuating they are a loser. Sometimes people do it in a joking way too. The woman may just be teasing a friend and not really saying the person is a loser.

젊은 여자가 손가락들을 이용해서 이마 위에 'L'자를 만들고 있다. 이는 다른 사람이 멍청이라고 암시하는 것으로 다른 사람을 놀리고 모욕을 주는 방법이다. 때론 사람들은 장난삼아 이렇게 하기도 한다. 여자는 친구를 놀리기 위한 것으로 정말 멍청이라고 말하는 것은 아닐 수도 있다.

Words & Phrases

- ### This is a way of ~ing 이는 …하는 방법이다
  This is a way of keeping in contact with friends.
  이것은 친구들과 연락을 취하는 방법 중 하나야.

- ### do sth in a joking way 장난삼아 …을 하다
  He yelled at us, but he did it in a joking way.
  걘 우리에게 소리를 질렀는데 장난삼아 한거였어.

- ### tease sb …을 놀리다
  They used to tease me about my eyes. They called me names.
  걔들은 내 눈을 놀리곤 했고 내게 욕도 했어.

The man is wearing a dress shirt and tie, and he is giving a thumbs up. It means that things are good. He may be telling someone they are doing a great job. He may also be indicating that there are no problems and everything is fine.

남자는 셔츠와 넥타이를 매고 있고 엄지 손가락을 치켜 세우고 있다. 이는 상황이 좋다는 의미이다. 그는 누군가에게 일을 아주 잘 했다고 말하는 것일 수도 있다. 또한 아무런 문제가 없으며 다 좋다는 것을 나타내는 것일 수도 있다.

Words & Phrases

- **give a thumbs up** 엄지 손가락을 치켜 세우다
  I gave her a thumbs up. She smiled.
  난 걔한테 찬성의 표시를 하자 걔가 미소지었어

- **It means that S+V** 그것은 …을 뜻한다
  I think it means that we shouldn't go.
  그 얘기는 우리가 가면 안된다는 것 같은데.

- **do a great job** 일을 아주 잘하다
  That's because he did a great job.
  그 사람이 일을 잘 했으니까 그렇지.

The attractive young woman has an unhappy look on her face. She is also holding her thumbs downward. She is upset and is indicating her displeasure. Someone has asked her opinion about something, and she is letting them know that she really doesn't like it.

매력적인 젊은 여자가 얼굴에 안 좋은 표정을 짓고 있다. 그녀는 두 엄지 손가락을 밑으로 향하고 있다. 그녀는 화가 났으며 불만을 나타내고 있다. 누군가 그녀에게 뭔가 의견을 물었고 그녀는 자기는 정말 마음에 안 든다는 것을 그들에게 보여주고 있다.

Words & Phrases

- **be upset** 화가 나다
  Don't be upset. We'll fix it tomorrow.
  화내지 마세요. 내일 고쳐드릴게요.

- **ask one's opinion about~** …에 관한 …의 의견을 묻다
  No one asked your opinion about our project.
  아무도 우리 프로젝트에 대해 물어보지 않았어.

- **let sb know that S+V** …에게 …임을 알게 하다
  How do you let them know that you're available?
  네가 손이 빈다는 걸 왜 걔네들에게 알게 한거야?

The older woman wearing sunglasses is giving the finger to people with both hands. She knows this is a rude gesture. Generally it means 'fuck you' to the person it is being directed at. It is a way to insult people without saying anything.

나이가 들고 선글라스를 쓴 여성이 두 손을 이용해서 손가락 짓을 하고 있다. 그녀는 이게 무례한 동작이라는 것을 알고 있다. 일반적으로 말해서, 이것은 이 손가락 짓이 향하고 있는 사람에게 "Fuck you"라고 말하는 것이다. 이는 아무 말도 하지 않고 사람들을 모욕하는 방식이다.

Words & Phrases

- **give the finger to sb** …에게 손가락질을 하다
  Linda gave the finger to the careless driver.
  린다는 부주의한 운전자에게 손가락질을 했어.

- **be directed at sb** …에게로 향해지다
  The criticism was directed at the lazy workers.
  게으른 직원들에게로 비난이 향해졌다.

- **insult sb without saying anything** 아무런 말도 하지 않고 …을 모욕하다
  You can use a gesture to insult someone without saying anything.
  아무런 말도 하지 않고 제스처 하나로 누군가에게 모욕을 던질 수 있다.

The woman has her arms crossed to make an 'X'. She is frowning and has an angry look on her face. She is saying no to someone. When a person makes this gesture, they don't like what is happening. It is an indication they want something else to happen.

여자는 두 팔을 교차시켜서 'X'자를 만들고 있다. 그녀는 인상을 찌푸리고 있으며 얼굴에는 화난 표정을 짓고 있다. 그녀는 누군가에게 안된다고 말하고 있다. 이 제스처를 할 때는 지금 벌어지고 있는 일이 마음에 들지 않는다는 것을 뜻한다. 뭔가 다른 일이 일어나기를 원한다는 것을 나타내는 것이다.

Words & Phrases

- **say no to sb** …에게 거절하다, …에게 안된다고 하다
  I would very much like to say no to this.
  난 정말이지 이게 싫다고 말하고 싶어.

- **make this gesture** 이 동작을 하다
  I can't understand why he made this gesture.
  걔가 왜 이런 동작을 했는지 이해가 안돼.

- **want ~ to happen** …가 일어나기를 바라다
  I don't want anything to happen to my baby.
  내 아기에게 아무런 일도 일어나지 않기를 바래.

The man is holding one hand up next to his ear in the shape of a telephone. He is pointing with his other hand. This is a way for him to **tell someone to** **call him later**. He may have some important information or something special that he **needs to say**.

남자는 한 손을 전화기 모양으로 만들어서 귀에다 대고 있다. 다른 손으로는 가리키고 있다. 이는 상대방에게 나중에 자기에게 전화하라고 말하는 방식이다. 그는 뭔가 중요한 정보를 갖고 있을지도 모르거나 혹은 그가 뭔가 특별하게 말해야 되는게 있을지도 모른다.

Words & Phrases

- **tell sb to~** …에게 …하라고 하다
  Why don't you tell them to quiet down?
  걔네들에게 좀 조용히 하라고 해.

- **call sb later** …에게 나중에 전화하다
  I have got to get to work. So call me later?
  일해야 돼. 나중에 전화할래?

- **need to say** 말해야 한다
  Do I need to say it again?
  내가 그걸 다시 말해야겠니?

The man in the dress shirt is giving the okay sign. This means everything is fine and there is nothing to worry about. This reassures anyone seeing it that there are no serious problems occurring.

와이셔츠를 입은 남자가 오케이 표시를 주고 있고, 이것은 만사가 잘 되고 있어 걱정할 것이 하나도 없다는 것을 뜻한다. 이 동작을 보는 사람은 누구에게나 아무런 심각한 문제가 발생하지 않는다고 안심시켜준다.

Words & Phrases

- **This means S+V** …을 뜻하다
  This means Carl finished eating.
  이건 칼이 식사를 마쳤다는 것을 뜻해.

- **There is nothing to~** …할 것이 없다
  There's nothing to be ashamed of. You did your best.
  창피하게 생각하지마. 넌 최선을 다했잖아.

- **worry about** 걱정하다
  Don't worry about that. That happens.
  걱정마. 그럴 수도 있어

The young woman has her hands raised, her fists clenched, and her mouth is smiling slightly. She is very happy or very excited about something. Often this is what we see when someone is celebrating or cheering. She may have just gotten good news, or maybe her favorite sports team is winning.

젊은 여자가 두 손을 들고 있고 손은 꽉 쥐고 있다. 그리고 그녀의 입은 살짝 미소를 짓고 있다. 그녀는 뭔가 아주 기뻐하고 들떠 있다. 종종 이것은 사람들이 기념을 하거나 응원을 할 때 보게 되는 것이다. 그녀는 방금 좋은 소식을 받았거나 혹은 자기가 좋아하는 팀이 이겼을지도 모른다.

Words & Phrases

- **be excited about~** …로 들떠 있다
  I'm so excited about this wedding.
  이 결혼식 생각에 너무 흥분돼.

- **This is what S+V** 이게 바로 …하는 것이다
  Are you sure this is what you want to do?
  이게 네가 하고 싶어하는거라고 확신해?

- **get good news** 좋은 소식을 받다
  I hope to get good news from my doctor.
  난 의사로부터 좋은 소식을 받기를 바래.

The young man and woman are looking into each other's eyes. They **have interlocked their pinkies.** This symbolizes a type of promise. This couple is showing that their relationship is strong, and that they **promise to** **be faithful together.**

젊은 남녀가 서로의 눈을 바라다보고 있다. 그들은 그들의 새끼 손가락을 깍지끼고 있다. 이는 일종의 약속을 상징한다. 이 커플은 그들의 관계가 끈끈하고 함께 서로에게 충실하겠다는 약속을 나타내고 있는 것이다.

Words & Phrases

- **interlock one's pinky** 새끼손가락을 깍지끼다
  The girl and boy interlocked their pinkies while they talked.
  그 소년과 소녀는 얘기하는 동안 새끼 손가락을 깍지를 꼈다.

- **promise to+V** …하겠다고 약속하다
  Do you promise to have the report finished by tomorrow?
  낼까지 보고서 끝마치는거 약속해?

- **be faithful together** 서로에게 충실하다
  It's important that a husband and wife be faithful together.
  부부는 서로에게 충실하는게 중요해.

To think outside the box is to consider different ways to do something in a nontraditional or unusual way

고정관념에서 벗어나 창의적으로 생각하다. 뭔가 돌파구를 찾을 때 일반적으로 하는 방식이 아니라 비전통적이며 남다른 방식으로 뭔가 하는 방법을 고려하는 것을 말한다.

Dialog

A: We don't have the funds for our band to buy instruments.
B: But we must have instruments to play music.
A: We'll have to think outside the box for ways to make money.

A: 우리 밴드가 악기 살 돈이 없어.
B: 하지만 음악을 연주하려면 악기가 있어야 하는데.
A: 뭔가 창의적으로 돈을 마련할 방법을 찾아야 되겠어.

GO WITH THE FLOW

To go with the flow means to adjust to how things are happening without getting angry or upset, to go along with what other people want.

자연스런 흐름에 맡기다. 대세를 따르다. 어떤 일이 벌어질 때 화를 내지 않고 다른 사람들이 원하는 대로 따라서 하다는 의미다.

Dialog

A: It doesn't seem fair that we have to work on Saturdays.

B: Don't cause problems. Just go with the flow.

A: But I usually go hiking in the mountains on Saturday mornings.

A: 토요일 마다 일해야 하는 건 공평해보이지 않아.

B: 분란 일으키지 말고 그냥 흘러가는대로 가.

A: 하지만 난 보통 토요일 아침마다 산에 하이킹하러 가거든.

Hit the Road!

To hit the road means to leave a place, and sometimes it means to begin a trip.

출발하다. 떠나다. 이는 슬랭으로 현재 있는 장소에서 단순히 나가는 것을 말하기도 하고 문맥에 따라서는 여행을 시작하다라는 뜻으로도 쓰인다.

Dialog

A: You look ready to hit the road.

B: Yeah, I'm tired. Let's go home.

A: Sounds good. My car is in the parking lot.

A: 너 갈 준비가 된 것 같아.
B: 어, 나 피곤해. 집에 가자고.
A: 좋지. 내 차가 주차장에 있어.

Sleep on It!

To sleep on something means to take some time to think carefully about it before making a final decision.

곰곰이 생각하다. 뭔가 결정을 해야 하지만 아직 마음을 결정하지 못했을 때 쓰는 표현이다. 최종 결정을 하기 앞서서 시간을 더 갖고서 신중하게 생각하다라는 의미이다.

Dialog

A: He told me I could come on the trip with him.

B: That sounds exciting. What did you say?

A: I told him I needed to sleep on it, and I'd get back to him.

A: 걔가 내가 자기와 여행할 수 있는지 말했어.

B: 신나는 얘기처럼 들린다. 뭐라고 했어?

A: 생각 좀 해보고 알려주겠다고 말했어.

A Little Bird Told Me.

To say **a little bird told me** means that someone heard some news, usually in the form of gossip, and they aren't going to tell anyone what person they heard it from.

지나가는 작은 새가 말해줬다는 것으로 뭔가 소문형태로 들은 소식을 얘기해줄 때 사용하는 표현이다. 특히 누구한테서 소식을 들었는지 말하지 않을 때 사용하기 좋은 표현이다. 소문의 내용까지 함께 말하려면 A little bird told me that S+V의 형태로 쓰면 된다.

Dialog

A: A little bird told me you went on a date last night.

B: It's true. Who did you hear that from?

A: I keep my sources of information secret.

A: 지난밤에 데이트 했다며.
B: 맞아. 누구한테서 들은거야?
A: 누구한테서 들었는지는 비밀야.

Swept off Your Feet!

To sweep someone off her feet means to cause someone to fall in love quickly, a short time after meeting.

sweep sb off sb's feet하게 되면 sb의 마음을 사로잡다. sb가 사랑에 빠지게 하다라는 뜻이다. 특히 만나자마자 바로 사랑에 빠지게 하다라는 의미로 쓰인다.

Dialog

A: My sister's wedding is planned for this spring.

B: I didn't know your sister even had a boyfriend.

A: She met a guy who just swept her off her feet.

A: 내 누이의 결혼식이 이번 봄에 잡혀졌어.

B: 네 누이에게 남친이 있는 것도 몰랐네.

A: 한 남자를 만났는데 바로 누이의 맘을 사로잡았어.

Keep Your Head Above Water!

To keep your head above water means to survive, especially as a business, or to continue doing something, even in difficult circumstances.

경제적으로 간신히 꾸려나가다라는 의미의 표현. 다시 말해서 물에 빠지지 않고 간신히 살아 있는 그림에서 보듯 비즈니스에서 어렵게 꾸역꾸역 버티고 있다, 혹은 뭔가 어려운 상황 하에서도 뭔가 계속 하다라는 뜻으로 쓰인다.

Dialog

A: Our shop just isn't making enough money.

B: I thought you were keeping your head above water.

A: We've tried, but we may have to close our doors.

A: 우리 가게는 돈벌이가 되지 않아.
B: 간신히 버티고 있는 줄 알았는데.
A: 노력은 했지만 가게 문을 닫아야 할지도 몰라.

Hold Your Horses!

To tell someone to **hold your horses** is a way of saying slow down and be more patient

달려가는 말을 세우라는 뜻으로 뭔가 천천히 하고, 인내심을 가지라고 말하는 표현이다. 진정해, 흥분하지 말고 침착해 등의 의미인 이 표현은 Hold your horses!의 명령문 형태로 많이 쓰인다.

Dialog

A: Come on, come on, we're going to be late.
B: Hold your horses. I'm almost finished here.
A: You'd better hurry. We've got to leave now!

A: 이것봐, 서둘러. 우리 늦겠어.
B: 진정해. 거의 끝나가.
A: 서둘러. 이제 나가야 돼!

Down in the Dumps.

To be down in the dumps means to feel sad or depressed

be down in the dumps는 뭔가 슬프고 행복하지 않을 때 사용하는 표현으로 우울하다, 울적하다라고 생각하면 된다. be 대신에 feel, look down을 써도 된다.

Dialog

A: What's wrong? You look down in the dumps today.

B: I was just thinking of my ex-girlfriend.

A: Come on, you're just making yourself unhappy with those thoughts.

A: 왜 그래? 오늘 우울해보여.

B: 전 여친을 생각하고 있었어.

A: 그러지마. 그런 생각하니까 우울해지는거라고.

Have Your Cake and Eat It Too!

To have your cake and eat it too means to somehow have two good or positive things that are usually not possible to have together. Most often this is expressed as "You can't have your cake and eat it too," you can't have both of these at the same time.

직역하면 케익을 갖고 있으며 또 먹기도 한다라는 것으로 보통은 함께 갖는 것이 불가능한 좋은 일 두 가지를 차지하다라는 의미이다. 굳이 우리말로 하자면 '독차지하다.' '두마리 토끼를 잡다'이다. 주로 You can't have your cake and eat it too!의 형태로 "두마리 토끼를 다 잡을 수는 없다"의 의미로 사용된다.

Dialog

A: I want to keep this money, but I also want to use it to buy a car.
B: You know, you can't have your cake and eat it too.
A: I know. I guess I need to choose one or the other.

A: 이 돈을 그냥 갖고 있고 싶기도 하지만 차를 사는데 사용하고도 싶어.
B: 저 말야, 두 마리 토끼를 다 잡을 수는 없는거잖아.
A: 알아. 그 둘 중 어느 하나를 선택해야 될 것 같아.

Off the Hook!

To be off the hook means that a person no longer is responsible for something, or will not receive some punishment that might have been given out.

"낚시 고리(hook)에서 벗어난"이라는 의미로 비유적으로 뭔가의 책임을 지지 않다, 혹은 받아야 했을 지도 모를 벌을 받지 않다라는 뜻으로 사용된다. get sb off the hook도 많이 쓰이는데 …을 살려주다, 봐주다라는 의미.

Dialog

A: It looks like I won't have to write that report.

B: So you're off the hook for now?

A: Yeah, but my boss may make me write a different report.

A: 그 보고서를 쓰지 않아도 될 것 같아.
B: 그럼 이제 거기서 벗어난거야?
A: 어, 하지만 상사가 다른 보고서를 쓰게 할 것 같아.

Straight From the Horses Mouth.

To hear something straight from the horse's mouth means to get information directly from the main person or people involved.

말의 이빨을 보면 말의 정확한 나이를 알 수 있다는 것에서 발전한 이 표현으로 뭔가 정보를 믿을 만한 사람이나 당사자로부터 직접 들었다는 것을 뜻한다. 동사로는 hear나 get이 쓰인다.

Dialog

A: They are cancelling the festival. It won't take place.

B: I don't believe it. People love the festival.

A: I heard it from the manager. I got it straight from the horse's mouth.

A: 축제를 취소할거래. 열리지 않을거야.

B: 말도 안돼. 사람들이 축제를 아주 좋아하는데.

A: 매니저로부터 들었어. 당사자로부터 직접 들은거야.

The Cat's Got Your Tongue!

To say the cat has someone's tongue means that the person is being unusually quiet.

좀 불리하거나 안좋은 상황에 처한 사람이 말을 하지 못하고 있을 때 사용하는 표현으로 "왜 꿀먹은 벙어리야?." "왜 말이 없는거야?"라는 뜻이다. 원래는 Has the cat got your tongue?이다.

Dialog

A: You're quiet tonight. Has the cat got your tongue?

B: No, I was just thinking about some problems I have.

A: Well, you can always talk to me about them if you want.

A: 오늘밤 말이 없네. 왜 꿀먹은 벙어리가 된거야?

B: 아냐. 내 문제들 좀 생각하고 있었어.

A: 그래. 원하면 언제든지 내게 말해.

SECTION CHAPTER
02-08-28

To have a skeleton in the closet means to have some deeply hidden secret that would cause problems or shame if people knew about it.

옷장 속에 해골이 있다는 말로 비유적으로 누구나 남모르는 비밀이 있게 마련이다라는 진실을 말하는 이디엄이다. 물론 이 비밀은 사람들이 알면 창피해질 수밖에 없는 것이다. Have나 got 동사를 써도 되며 또한 Everyone has a skeleton in the closet라고 쓰기도 한다.

Dialog

A: What do you think of the new president?

B: There's something about him that I really don't trust.

A: I know. It seems like he's got some skeletons in his closet.

A: 신임 대통령 어떻게 생각해?

B: 정말 내가 신뢰하지 못하는 뭔가가 있어.

A: 그래. 뭔가 비밀을 갖고 있는 것 같아.

A Hard Nut to Crack!

> To be a hard nut to crack means that a problem is hard to overcome or to understand.

"깨기 어려운 호두"라는 뜻으로 난제, 즉 이해하거나 극복하기 어려운 문제라는 뜻이다. 또한 사람에게 쓰이면 상대하기 만만치 않은 사람을 뜻한다.

Dialog

A: We just don't have enough money to get married.
B: Isn't there any way we can come up with more cash?
A: I'll give it some thought, but it's a hard nut to crack.

  A: 우리는 결혼할 자금이 부족해.
  B: 현금을 좀 더 구할 방법이 없을까?
  A: 생각해보겠지만 어려운 문제야.

Seeing Red!

To see red is to become furious, and possibly not be able to control oneself.

쉽게 말해서 "화가 났다"라는 말로 분노하거나 화가 치밀어 올라 스스로 통제가 되지 않는 상태를 말한다.

Dialog

A: I tried to stop Harry from getting in that fight.

B: You should have talked him out of it.

A: I talked, but he didn't listen. He was seeing red by that point.

A: 난 해리가 그 싸움에 말려들지 않도록 노력했어.

B: 말로 해서 하지 못하도록 했어야지.

A: 말했지만 들으려고 하지 않았어. 그때 쯤에는 걘 화를 엄청 내고 있었어.

To have **bigger fish to fry** means something is not paid attention to because there are more important things to pay attention to.

"튀길 더 큰 생선이 있다"라는 말로 사소한 문제를 논하기 보다는 그 보다 더 크고 중요한 문제를 얘기하자고 할 때 주로 쓰이는 표현이다.

Dialog

A: Shouldn't we be filling out these forms?

B: Not right now. We have bigger fish to fry.

A: So there's something more important we need to work on?

A: 이 양식서들을 작성해야 되지 않을까?

B: 지금은 아냐. 더 중요한 일이 있어.

A: 그럼 우리가 일을 하는 것보다 더 중요한게 있다는거야?

352 네이티브는 이렇게 말한다

He Has His Head in the Sand!

To have one's head in the sand means the person is ignoring or not facing an obvious problem or issue.

그림에서 보듯 모래에 머리만 파묻고 있다는 것은 자기에게만 안보이면 마치 실제 없는 것처럼 생각하는 어리석음을 비꼬는 표현이다. 비유적으로 현실을 직시하지 않다, 현실을 회피하다라는 의미로 쓰인다. 동사는 have 외에도 bury, hide 등이 쓰인다.

Dialog

A: Your husband has been cheating on you for years.

B: No, no. He just has a lot of female friends.

A: Are you kidding? Stop hiding your head in the sand!

A: 네 남편이 오랫동안 너 몰래 바람을 폈어.

B: 아냐. 단지 여자 친구가 많았던거야.

A: 장난하냐? 현실을 직시하라고!

Money Doesn't Grow on Trees!

To say money doesn't grow on trees is a way to express that money is hard to get and should be used carefully so it isn't wasted.

"무성한 나뭇가지에서 가지를 쉽게 따듯 돈은 나무에서 나뭇가지처럼 자라는 것이 아니다"라는 말이다. 비유적으로 돈은 벌기 힘드니까 신중하게 사용하여서 낭비하지 않도록 해야 된다는 좋은 교훈이다.

Dialog

A: That's your third pair of new shoes this month.

B: I know. I love them. Aren't they stylish looking?

A: They look good, but they were expensive. Money doesn't grow on trees.

A: 이번달만 벌써 세번째 신발이네.
B: 알아. 너무 맘에 들어. 아주 멋지지 않아?
A: 좋아 보이기는 하지만 돈이 많이 들었잖아. 돈을 아껴 써야지.

If the Shoe Fits, Wear It!

To say **if the shoe fits, wear it,** means that if a criticism is accurate, it should be accepted, even if it seems unkind to hear.

"신발이 맞으면 그냥 신으라"는 말로 어떤 비판이 옳다면 듣기 싫더라도 받아들이라는 표현이다. 우리말로는 "사실이 옳다면 받아들여라." "그 말이 사실이면 받아들여라" 등으로 생각하면 된다.

Dialog

A: Jeff is really a good guy, but he's kind of stupid.

B: Hey, that's a very unkind thing to say.

A: I know, but if the shoe fits, wear it.

A: 제프는 정말이지 좋은 녀석이지만 좀 멍청해.

B: 야, 그건 말하기 너무 좀 그렇잖아.

A: 알아, 하지만 사실이 맞으면 받아들여야지.

Walking on Air!

To be walking on air means that the person feels very happy and is in a very good mood.

"하늘 위를 걷고 있다"라는 표현으로 하늘을 나는 것 같은 마음이다라는 말. 비유적으로 무척 기분이 좋을 때 사용하는 표현이다.

Dialog

A: Your sister seems to be walking on air today.

B: She got a letter saying she was accepted into dental school.

A: How exciting! She's wanted to be a dentist since she was a little kid.

A: 네 누이 오늘 기분이 엄청 좋은 것 같아.

B: 치대합격통지서를 받았거든.

A: 와 좋겠다! 어릴 때부터 치과의사가 되고 싶어 했잖아.

To drink like a fish means a person consumes a lot of alcohol, and is probably an alcoholic

"물고기처럼 마시다"라는 말은 술을 자주 그리고 많이 마시는 사람으로 알코올중독자일 수도 있다. 우리말로는 "술고래다"라고 옮기면 된다.

Dialog

A: I'm getting worried about my friend Jerry.

B: Jerry? He seems like a nice guy with a fun personality.

A: Yes, he is, but he drinks like a fish every time we go out.

A: 내 친구 제리가 걱정돼.

B: 제리? 성격이 착하고 재미있는 친구로 보이던데.

A: 어 맞아. 하지만 우리가 외출할 때마다 술고래처럼 마셔 대.

IT TAKES TWO TO DANCE

To say **it takes two to tango** means that a bad situation between two people is created by both of them, and it is not fair to blame only one of them

"탱고를 추려면 두 명이 필요하다"라는 말로 손바닥도 마주쳐야 소리가 나는 법이라는 우리말을 연상하면 된다. 두 사람이 어떤 안 좋은 일을 만들어 놨을 때 어느 한쪽이 아니라 양쪽 모두 다 책임을 져야 한다는 것이다.

Dialog

A: God, Leo and Erin have a terrible relationship.

B: Leo is a jerk and he always causes problems.

A: That's true, but Erin is annoying too. It takes two to tango.

A: 맙소사, 레오와 에린의 관계는 끔찍해.
B: 레오는 멍청이어서 항상 문제를 만든다니까.
A: 맞아, 하지만 에린 또한 짜증나. 둘 다 문제가 있는거야.

Pardon MY FRENCH

To say pardon my French is a way of asking someone to excuse profanity or rude language.

"프랑스어를 써서 미안하다." 혹은 "내 프랑스어가 미숙해 미안하다"라고 생각하면 안된다. 영국과 프랑스 사이의 오랜 악연을 떠올리면 이해가 되는 표현이다. 뭔가 상스러운 욕을 하고 나서 하는 말로 "욕을 해서 미안해"라는 의미이다. Pardon 대신에 Excuse~를 써도 된다.

Dialog

A: Did you take a look at Pat's project?

B: Yeah. She fucked up the whole thing. Pardon my French.

A: Really? But I thought she was doing a good job.

A: 팻의 프로젝트 봤어?

B: 어. 걔가 전체를 다 망쳐놨어. 욕설해서 미안해.

A: 정말? 하지만 난 걔가 잘하고 있는 줄로 알았는데.

To fall head over heels for someone means to fall in love with someone quickly and deeply, without regard for the future consequences.

"머리가 구두 위로 떨어지다"라는 말로 미래의 결과에 대해서는 별로 신경쓰지 않고 빠르게 그리고 깊이 사랑에 빠지는 것을 뜻한다. 서로 사랑에 빠져 정신 못차리는 경우를 떠올려보면 된다.

Dialog

A: It seems strange that they got married ten days after they met.

B: I know. But I heard they fell head over heels for each other.

A: Well, I doubt a marriage like that can last very long.

A: 걔들이 만난지 10일 만에 결혼한 건 좀 이상해.
B: 알아. 하지만 서로에게 정신없이 빠져들었대.
A: 음. 그런 결혼은 오래 가지 못할 것 같네.

The cat is out of the bag!

To say the cat is out of the bag means that now a secret is known by most people, and it's no longer secret.

"고양이가 가방에서 나왔다"라는 것은 원래는 비밀이었지만 사람들에게 다 알려져 더 이상 비밀이 아니게 됐다라는 뜻이다. 특히 let the cat out of the bag의 형태로 무심코 비밀을 누설하다라는 표현으로 많이 쓰인다.

Dialog

A: People have been saying that you're gay.

B: I have tried to keep my sex life as private as possible.

A: Someone saw you with your boyfriend, now the cat's out of the bag.

A: 사람들이 네가 게이라고 말하던데.

B: 내 성생활을 가능한 비밀로 하려고 했는데.

A: 네가 네 남친과 있는 것을 누거 봤대. 이제 비밀이 아니지.

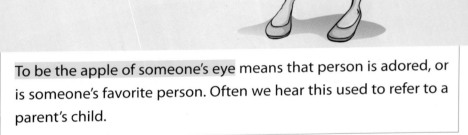

The Apple of My Eye!

To be the apple of someone's eye means that person is adored, or is someone's favorite person. Often we hear this used to refer to a parent's child.

이는 '소중한 사람,' '눈에 넣어도 아프지 않을 사람'이라는 의미로 종종 부모들이 자신의 아이들을 말할 때 사용된다.

Dialog

A: John is always talking about how great his son is.
B: You are right. He's the apple of John's eye.
A: I don't think John loves anyone more than he loves his son.

A: 존은 늘상 자기 아들이 대단하다고 말하고 다녀.
B: 네 말이 맞아. 걘 눈에 넣어도 아프지 않을 아이지.
A: 존은 자기 아들 이상으로 사랑하는 사람은 없는 것 같아.

362 네이티브는 이렇게 말한다

Sit on the Fence.

To sit on the fence means a person is not choosing a side in a discussion or argument, especially when people have strong feelings about a subject.

직역하면 "울타리에 앉아 있다"라는 말로 사람들이 뭔가 토론이나 논쟁으로 열중하고 있을 때 어느 한 편을 들지 않고 중립적인 태도를 보이는 것을 말한다.

Dialog

A: Which of the presidential candidates are you voting for?

B: I'm not really interested in politicians.

A: This is an important election. You can't just sit on the fence.

A: 대통령 후보 중 누구에게 투표할거야?
B: 난 정말이지 정치가에 관심이 없어.
A: 중요한 선거라고. 중립적으로 애매한 태도를 취하면 안되지.

Draw the Line.

To draw the line means to set a firm boundary of something that is not permitted or allowed to be done. This is often the result of a personal decision.

"선을 긋다"라는 의미로 해서는 안되거나 용납할 수 없는 것에 대한 확고한 범위를 정한다는 말이다. 한 개인의 결정의 결과를 말한다. 비유적으로 "한계를 긋다," "한도를 정하다," "…넘는 건 허용하지 않다"라는 의미이다.

Dialog

A: I had to stay late to work on an assignment.
B: Were you in the office all night?
A: No. I draw the line at staying beyond 9 p.m.

A: 과제물하느라 밤늦게까지 잠을 못잤어.
B: 사무실에서 밤샌거야?
A: 아니, 저녁 9시 넘어서까지는 사무실에 남아있지 않아.

Spill the Beans!

To spill the beans means to tell others something that was supposed to have been kept secret

"자루에 있던 콩을 쏟다"라는 말로 앞서 나온 let the cat out of the bag와 비슷한 의미. "무심결에 비밀을 털어놓다"라는 의미가 된다.

Dialog

A: You don't look surprised to see me.

B: I spoke to your brother on the phone.

A: I see. And he spilled the beans about me coming here?

A: 날 보고 놀래는 것 같지도 않네.

B: 전화로 네 형과 얘기했어.

A: 알겠네. 내가 여기 올거라는 사실을 귀띔했구만.

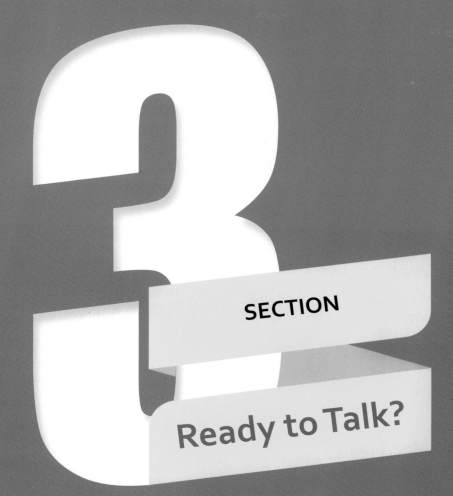

3

SECTION

Ready to Talk?

나와 우리 말하기

I am a businessman who **works for** an IT company. This year I **turned 40 years old**. I **have been married for** ten years, and my wife and I have two kids. We live in an apartment building in Seattle. I like going hiking and skiing in my free time.

나는 IT회사에서 일하는 비즈니스 맨이다. 올해 40세가 되었으며 결혼한 지는 10년되었고 아내와 2명의 아이가 있다. 우리는 시애틀의 아파트에서 살고 있으며 시간이 날 때면 하이킹이나 스키타는 것을 즐겨한다.

Words & Phrases

- **work for~** …에서 일하다
  I can work for you starting next week.
  다음 주부터 일할 수 있어요.

- **turn+숫자** 나이가 …가 되다
  My aunt turned sixty in August.
  내 숙모가 8월에 60세가 되셔.

- **be married for~** 결혼한지 …년 되었다
  My parents have been married for 30 years.
  나의 부모님은 결혼하신지 30년 되었어.

I am a co-ed attending a large university. This is my sophomore year. I am majoring in biology, but I hope that I can become a doctor someday. I spend most of my free time studying so I can get better grades, but I also hang out with my friends and attend university sporting events.

나는 남녀 종합대학교에 다니는 여학생이다. 올해 2학년이다. 난 생물학을 전공하고 있지만 언젠가 의사가 될 수 있기를 바라고 있다. 나는 학점을 더 좋게 받기 위해서 남는 시간 대부분 공부를 한다. 하지만 또한 난 친구들과 어울려 다니며 학교 스포츠 행사에 참석도 한다.

Words & Phrases

- **attend (a) university** 대학교에 다니다
  Charlie decided that he is going to quit attending university.
  찰리는 대학에 진학하는 것을 포기하기로 결정했어.

- **major in** 전공하다(change one's major 전공을 바꾸다)
  Why did you change your major at university?
  대학에서 전공을 왜 바꿨어?

- **hang out with~** …와 어울려 다니다
  Don't you have any friends to hang out with?
  함께 놀 친구가 없는거야?

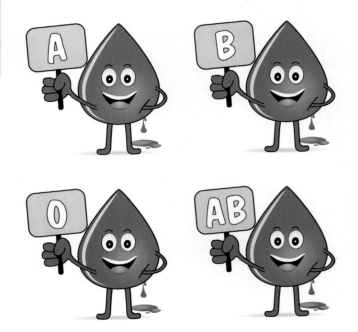

I am blood type O negative. This is an important blood type because it's the only one that can be donated to all of the other blood types. About one person in fifteen has O negative blood. Unfortunately, if I need a blood transfusion, I can only use blood from another O negative person.

내 혈액형은 O형 네거티브이다. 이는 다른 모든 혈액형의 사람들에게 수혈해줄 수 있는 유일한 혈액형이기 때문에 중요하다. 15명 중 한 명이 O형 네거티브 형이다. 불행하게도 내가 수혈을 받으려면 다른 O형 네거티브 형의 사람에게서만 수혈을 할 수 있다.

Words & Phrases

• **be donated to~** …에게 주다
  The money was donated to the Red Cross.
  그 돈은 적십자사에 기부되었어.

• **about+숫자** 약…
  There were about ten people in the hallway.
  복도에는 10명 가량 있었어.

• **need a blood transfusion** 수혈이 필요하다
  The accident victim will need a blood transfusion.
  사고 피해자는 수혈이 필요할거야.

I am a female English teacher. My job is to teach English to middle school and high school students. It is a lot of work because English has many confusing rules. I do my best to help students learn correct grammar and pronunciation. It's fun to work with young people.

난 영어 여선생이다. 내 일은 중학생과 고등학생들에게 영어를 가르치는 것이다. 영어에는 많은 혼란 스런 규칙이 있기 때문에 일이 많다. 난 학생들이 정확한 문법과 발음을 배우는데 도움이 되도록 최선을 다하고 있다. 젊은 사람들과 함께 일하는 것은 재미있다.

Words & Phrases

- ## My job is to+V 내 일은 …하는 것이다
  My job is to fix problems at different hospitals.
  여러 병원에서의 문제점들을 고치는게 내 일이야.

- ## do one's best to+V …하기 위해 최선을 다하다
  I will do my best to remember your birthday next year.
  내년에는 생일 잊지 않도록 최선을 다할게.

- ## It's fun to+V …하는 것은 재미있다
  It's fun to go there every now and then.
  때때로 거기에 가는게 재미있어.

I worry about the problem of bullying in schools these days. Some students are teased and insulted because they are different. This leads to emotional problems, and these students sometimes even try to kill themselves. We need to do more to protect them.

난 요즘 학교에서의 왕따 문제에 대해 걱정을 한다. 일부 학생들은 남들과 다르다는 이유로 놀림을 당하고 모욕을 당한다. 이것은 감정적인 문제가 되어서 어떤 학생들은 때때로 심지어 자살을 시도하기도 한다. 우리는 그들을 보호하기 위해서 더 많은 일들을 해야 한다.

Words & Phrases

- **worry about** …을 걱정하다
  Look, baby, you don't have to worry about me.
  자기야. 나에 대해 걱정할 필요는 없어.

- **This leads to sth** …로 이르다
  This leads to people feeling tired and stressed.
  이것은 사람들을 더 피곤하고 스트레스를 받게 한다.

- **do more to+V** …하기 위해 더 노력해야 한다
  We need to do more to locate your lost glasses.
  우리는 네 잃어버린 안경을 찾기 위해 더 노력을 해야 돼.

I order pizza to be delivered to my apartment at least once a week. The food isn't healthy, but it is convenient, and it tastes good. I can order it and within 20 minutes a deliveryman will be at my door with a freshly made pizza.

난 일주일에 한 번은 아파트로 피자를 배달주문한다. 피자는 몸에 좋지 않지만 편리하고 맛도 좋다. 내가 피자를 주문하면 20분내로 배달원이 신선하게 구운 피자를 들고 현관에 도착할 것이다.

Words & Phrases

- **order sth to be delivered to~** …을 …로 배달주문을 하다
  I ordered some medicine to be delivered to my apartment.
  난 약을 좀 주문해서 아파트로 배송시켰어.

- **once a week** 일주일에 한 번
  Once a week I phone my parents.
  일주일에 한 번 부모님께 전화해.

- **be at one's door with~** …을 들고 현관에 오다
  The mailman is at your door with a package.
  배달원이 소포를 들고 너의 집 앞에 있다.

My opinion about the #MeToo movement is that it has been good for combatting sexual harassment and unwanted advances in the workplace. For a long time serious complaints were ignored. I also feel some women may falsely claim they were harassed because they could be rewarded for making a false claim. So we must be careful when a person is accused of harassment.

미투운동에 대한 나의 생각은 직장내 성희롱과 원치 않는 접근에 대항하는데 좋았다는 것이다. 오랫동안 심각한 항의들의 무시되었다. 또한 어떤 여자들은 거짓으로 희롱을 당했다고 주장하는데 이는 보상을 받을 수 있기 때문이다. 그래서 우리는 어떤 사람을 성희롱으로 비난할 때 신중해야 한다.

Words & Phrases

- ### My opinion about~ is that S+V …에 대한 나의 의견은 …하다
  My opinion about global warming is that summers are getting hotter.
  지구온난화에 대한 나의 의견은 여름이 점점 더 더워진다는거야.

- ### be rewarded for~ …로 보상을 받다
  Students are rewarded for studying hard.
  학생들은 열심히 공부한거에 대한 보상을 받았어.

- ### must be careful when S+V …할 때 신중해야 한다
  You must be careful when you travel abroad.
  외국여행을 할 때는 조심해야 한다.

I think that it is important to protect women from men who secretly photograph them. These women are being harassed in public, especially on the subway, and they haven't done anything wrong. There needs to be tougher laws to punish these perverts.

난 여성들 몰래 사진을 찍는 몰카남들로부터 여성들을 보호하는 것이 중요하다고 생각한다. 이들 여성들은 아무런 잘못도 한게 없는데 공공장소, 특히 지하철에서 괴롭힘을 당하고 있다. 이런 변태들을 처벌하는 더 강력한 법이 필요하다.

Words & Phrases

- **I think that it is important to+V** …하는 것이 중요하다고 생각하다
  I think it is important to **wear nice clothes.**
  멋진 옷을 입는게 중요하다고 생각해.

- **protect A from B** B로부터 A를 보호하다
  Cops protect citizens from criminals.
  경찰들은 범죄자들로부터 시민들을 보호해.

- **There needs to+V** …하는 것이 필요하다
  There needs to **be more food to eat.**
  먹을 음식이 더 필요하다.

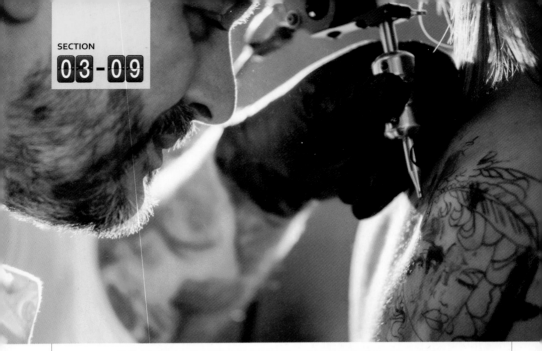

I think the trend of people getting tattoos these days is foolish. It costs a lot of money to get a tattoo, and they don't even look that good. It makes people look cheap. Plus they look strange when people get older. Nobody wants to see an old person whose body is covered in tattoos.

요즘 사람들이 문신을 하는 유행은 한심하다고 생각한다. 문신을 하려면 돈이 많이 들고 그리고 그렇게 좋게 보이지도 않는다. 문신한 사람들은 좀 싼티가 난다. 더구나 나이가 들면 이상하게 보인다. 문신으로 도배한 나이 든 사람의 몸을 보고 싶어하는 사람은 아무도 없다.

Words & Phrases

• **I think the trend of people ~ing is~** 사람들이 …하는 유행은 …하다고 생각하다
I think the trend of people smoking is unhealthy.
사람들이 담배피는 트렌드는 건강에 좋지 않다고 생각해.

• **get a tattoo** 문신을 하다
Carson got a tattoo after joining the military.
카슨은 입대 후에 문신을 했어.

• **Nobody wants to+V** …하기를 원하는 사람은 아무도 없다
Nobody wants to do it? All right, I'll do it myself.
아무도 그걸 하지 않으려 한다고? 좋아, 그럼 내가 하지.

I hate it when people text and drive. They start paying attention to their phone and not to the cars around them. I have seen many accidents and many near misses caused by a distracted driver. Thousands of people die every year in crashes caused by someone who is texting.

난 사람들이 운전하면서 문자보내는 것을 아주 싫어한다. 주변의 자동차들이 아니라 자신들의 핸드폰에 주의를 기울이기 시작한다. 난 주의가 산만해져 일어난 많은 사고와 사고가 날 뻔한 경우들을 보아왔다. 매년 문자를 보내는 사람들에 의해 초래된 사고로 많은 사람들이 죽어가고 있다.

Words & Phrases

- **I hate it when S+V** …하는 것을 싫어하다
  I hate it when I'm the only one laughing.
  나만 유일하게 웃고 있을 때 정말 싫어.

- **near miss** 거의 그럴 뻔한 경우
  There was a near miss when the planes avoided hitting each other.
  비행기가 서로 부딪히는 것을 겨우 피한 경우가 있었어.

- **die in a crash** 충돌 사고로 사망하다
  The family died in a crash on the highway.
  그 가족은 고속도로 충돌사고로 죽었어.

I want to make sure drunk drivers are punished. It is their own business if they want to drink, but they become dangerous to others if they get in their car and drive. Drinking causes people to have a slow reaction time and poor control over their body. That's why so many crashes occur when someone is drinking and driving.

음주운전자들은 확실히 처벌되었으면 한다. 술을 마시고 싶어하는 것은 간섭할 일은 아니지만 그들이 차에 타 운전을 하게 되면 다른 사람들에게 위험해진다. 음주를 하게 되면 반응속도가 느려지고 자신의 신체에 대한 통제를 잘 못하게 된다. 바로 그래서 음주운전을 하게 될 때 많은 충돌사고가 나는 것이다.

Words & Phrases

- **I want to make sure S+V** …을 확실히 하기를 바란다
  I want to make sure that you're okay
  네가 괜찮은지 확인하고 싶어서

- **cause sb to+V** …가 …하도록 한다
  The loud noise caused her to wake up.
  시끄러운 소리가 나서 그녀는 깼어.

- **That's why S+V** 바로 그래서 …하다
  That's why everybody loves Raymond.
  그래서 다들 레이먼드를 좋아하는거야.

03-12

I am interested in the recent trend toward self driving cars. It's very convenient, because a person can get into a car and read or study while the car is driving. But is it safe? I am not sure if we can trust computers to guide millions of cars on the roads safely.

난 최신 유행중인 자율주행 자동차에 관심이 있다. 차가 달리는 동안 차에 들어가 읽고 학습도 할 수 있기 때문에 매우 편리하다. 하지만 안전은? 난 우리가 도로에 있는 수많은 자동차들을 컴퓨터가 안전하게 가이드하는 것을 믿을 수 있는지 잘 모르겠다.

Words & Phrases

- **be interested in~** …에 관심이 있다
  I'm not interested in going out on a date.
  난 데이트하는데에 흥미가 없어

- **I'm not sure if S+V** …한지 잘 모르겠다
  I'm not sure if I can make it to your party.
  네 파티에 갈 수 있을런지 모르겠어.

- **trust ~ to+V** …가 …하는 것을 신뢰하다
  I know I can trust you to take care of it.
  네가 그걸 처리하리라 믿어도 된다는 걸 알아.

I think the gay pride parades are a good idea. Many people **don't know much about** gay people, and this type of event **brings their lifestyle out into the open.** It is a chance to be exposed to something new. It doesn't harm anyone to hold a parade, and if someone feels uncomfortable watching gay people, they don't have to **stick around.**

게이축제는 좋은 생각이라고 생각한다. 많은 사람들이 게이인 사람들에 대해서 잘 모르고 있고 이런 종류의 이벤트는 그들의 삶을 활짝 오픈하게 된다. 뭔가 새로운 것에 대해서 알 수 있는 기회이다. 행진을 한다고 피해보는 사람들이 없고 또한 게이보는 것이 불편하다면 거기 있을 필요가 없다.

Words & Phrases

- **don't know much about~** …에 대해서 잘 모르다
  I don't know much about **governments in other countries.**
  다른 나라의 정부에 대해서는 별로 아는게 없어.

- **bring sth out in the open** …을 들어내보이다
  I wanted to **get everything out in the open.**
  모든 것을 드러내놓기를 원했어.

- **stick around** 가지 않고 주변에 있다
  Come on, honey, stick around. It's fun here.
  자, 자기야, 가만히 있어. 여기 재미있다고.

I think there can be serious problems when countries accept too many refugees. We have to have sympathy for their suffering, but the answer is not to suddenly introduce thousands of foreigners into a society. This often causes conflict and resentment with the local citizens, and these problems can last for decades.

각 나라가 너무 많은 난민을 수용하면 심각한 문제가 될 수도 있다고 생각한다. 그들이 겪는 고통에 연민을 가져야 하지만 정답은 갑자기 많은 외국인을 한 사회에 들여보내지 않는 것이다. 이는 종종 지역 주민들과 갈등과 원망을 초래하기도 한다. 그리고 이런 문제들은 수십년동안 계속될 수도 있다.

Words & Phrases

- **have sympathy for~** …에게 연민을 갖다
  You're not gonna get a whole lot of sympathy from me.
  넌 나로부터 전적인 동정심을 얻지 못할거야.

- **The answer is not to+V** 정답은 …을 하지 않는 것이다
  The answer is not to give up on your dreams.
  정답은 네 꿈을 포기하지 않는 것이다.

- **This often causes~** 이는 종종 …을 초래하기도 한다
  This often causes a lot of extra problems.
  이는 종종 불필요한 문제들을 야기해.

I choose not to give money to most beggars. My feeling is that if you give them money, more beggars will soon come to the area. Also, many of these people have serious addictions to alcohol and drugs. The money they are given often winds up buying alcohol and illegal drugs, and in my opinion, I don't want to waste my money that way.

난 대부분의 구걸하는 사람에게 돈을 주지 않는다. 그들에게 돈주면 더 많은 구걸하는 사람들이 그 지역에 모이게 될거라 생각한다. 또한 이중 많은 사람들은 심각한 알코올 중독이나 약물중독에 걸려 있다. 구걸해서 받은 돈은 결국 술과 불법 약물을 사는데 사용될 것이다. 난 그런 식으로 내 돈을 낭비하고 싶지 않다.

Words & Phrases

- **I choose not to+V** …하지 않기로 하다
  Why did you choose not to go to school yesterday?
  왜 어제 학교 안 가기로 한거야?

- **My feeling is that S+V** 난 …라는 느낌이다
  My feeling is that Chris stole my money.
  내 생각은 크리스가 내 돈을 훔친 것 같아.

- **wind up ~ing** 결국 …하게 되다
  I wound up driving her home.
  난 결국 그녀의 집까지 차로 데려다줬어.

The idea of donating is very useful. A lot of people have extra stuff, so it helps them clean out their houses. And the items are either given to people in need, or sold to help the needy. That's great. Both the giver and the receiver are benefitting.

기부를 한다는 것은 아주 유용한 것이다. 많은 사람들이 없어도 되는 물건들을 갖고 있어 그들의 집을 치우는데 도움이 된다. 기부된 물품들은 필요로 하는 사람들에게 주어지거나 혹은 궁핍한 사람들을 돕기 위해 판매되기도 한다. 그건 대단한 일이다. 기부를 하는 사람이나 받는 사람 다 이득을 보는 것이다.

Words & Phrases

- **This idea of ~ is~** …한다는 생각은 …하다
  The idea of a library is that people have access to many books.
  도서관이란 발상은 사람들이 많은 책을 접하는 것이다.

- **It helps sb+V** 그로 인해 …가 …하는 것에 도움이 된다
  It helps to talk about what happened.
  그건 무슨 일이 일어났는지 얘기하는데 도움이 돼.

- **clean out one's house** 집을 깨끗이 치우다
  It's so cluttered that you need to clean out your house.
  너무 뒤죽박죽이어서 집을 깨끗이 치워야 한다.

It is very important to volunteer in your community. There are numerous programs that rely on volunteers to help people. Plus, helping others is a way to show kindness, and it makes people feel good about themselves. It's always better to show a spirit of charity than it is to be selfish.

지역사회에서 자원봉사를 하는 것은 매우 중요한다. 자원봉사자들이 사람들을 도울 수 있는 프로그램들은 많이 있다. 게다가, 타인을 도와주는 것은 친절함을 베푸는 방법이며, 자원봉사자들 스스로 자신들을 좋게 생각하게 해준다. 이기적인 것보다 항상 자선하는 마음을 보여주는 것이 더 낫다.

Words & Phrases

- **~ing is a way to+V** ···하는 것은 ···하는 한 방법이다
  Jogging is a way to **get in shape.** 조깅은 건강을 유지하는 한 방법이다.

- **It makes people feel good about~** 그로 인해 사람들은 ···에 대해 좋게 생각한다
  It makes people feel good about **sharing with others.**
  그것은 사람들이 다른 사람과 공유하는 것에 대해 좋게 생각하게 해준다.

- **It's better to+V~** ···하는 것이 더 낫다
  I think it's better to **wait until tomorrow.**
  내일까지 기다리는게 더 좋을 것 같아.

I think it's a good idea to own a pet. I've owned dogs most of my life. They are great companions, loyal, and usually have interesting personalities. Studies show people with pets live longer too. But anyone that decides to raise a pet must commit to keeping it for its whole life. A dog, in particular, becomes like a member of the family.

애완동물을 기르는 것은 좋은 생각이다. 난 계속해서 강아지들을 키우고 있다. 개들은 아주 좋은 친구이자, 충성스럽고 보통 성격들이 흥미롭다. 연구에 의하면 애완동물을 기르는 사람들이 더 오래 산다고 한다. 하지만 애완동물을 키우는 사람은 반드시 애완동물이 죽을 때까지 함께 살아야 한다. 특히 강아지는 가족 구성원과 같다.

Words & Phrases

- **I think it's a good idea to+V** …하는 것은 좋은 생각이라고 생각한다
  I think that it's a good idea to exercise every day.
  매일 운동하는게 좋은 생각인 것 같아.

- **Studies show S+V** 연구에 의하면 …하다
  Studies show that women like humorous men.
  연구에 의하면 여자들은 유머스런 남자들을 좋아한다고 한다.

- **commit to ~ing** …하는 약속을 지키다
  Once I commit to something, I stick with it.
  일단 헌신하면 절대 포기안해.

I think some videos posted on YouTube and other sites can be interesting and very informative. They allow us to learn a lot. But there are others that are silly, and show that the uploader has a lot of empty vanity. It's fine to watch these videos for entertainment, but don't watch them too often or you'll be wasting your time.

내 생각에 유튜브와 다른 사이트에 올라온 일부 비디오들은 흥미롭고 아주 훌륭한 정보를 담고 있다. 그 비디오들로 해서 많은 것을 우리가 배운다. 하지만 한심한 비디오들도 있으며, 올린 사람이 텅빈 깡통이라는 것을 보여준다. 이런 비디오들은 재미삼아 보는 것은 괜찮지만 너무 자주는 보면 시간낭비가 될 것이다.

Words & Phrases

- **post videos on YouTube** 유튜브에 비디오를 올리다
  My friend posts videos on YouTube every week.
  내 친구는 매주 유튜브에 비디오를 업로드해.

- **It's fine to+V** …하는 것은 괜찮다
  It's fine to e-mail me at any time.
  언제든지 내게 이메일보내도 돼.

- **waste one's time** 시간을 낭비하다
  The meeting just wasted our time.
  그 회의는 우리 시간만 낭비한거야.

I am very worried about climate change and global warming. The Earth is heating up, and every year the summers are getting hotter. Glaciers are melting in the polar regions, and many species are dying because they can't adapt. Sometimes I wonder if that will happen to humans too.

난 기후변화와 지구 온난화에 대해 걱정이 많다. 지구의 온도는 점점 올라가서 매년 여름은 점점 더 더워지고 있다. 빙하는 극지역에서 녹고 있으며 많은 종들이 더운 날씨에 적응하지 못해 죽어가고 있다. 때때로 그런 현상이 인간에게도 생기지 않을까 궁금하다.

Words & Phrases

- **I'm worried about~** …을 걱정하다
  I'm worried about losing my job.
  난 일자리를 잃을까봐 걱정돼.

- **I wonder if S+V** …가 궁금하다, 모르다
  I wonder if the boss is still angry with me.
  사장이 나한테 아직도 화가 나 있는지 모르겠어.

- **happen to~** …에게 발생하다
  What will happen to me if I stay here?
  내가 여기 남으면 내가 어떻게 될까?

I think terrorism is one of the biggest threats to modern civilization. It kills many people, but more importantly, it scares everyone. We began to feel that we're not safe anymore because we could be attacked anywhere. Once we start to live in fear, we don't act normally, and our constant anxiety may make us choose poor leaders and make poor decisions in our personal lives.

테러리즘은 현대 문명사회의 가장 큰 위협 중 하나라고 생각한다. 많은 사람들을 살상하며 더 중요한 건 우리 모두를 겁먹게 한다는 것이다. 우리는 어디에서든지 공격을 받을 수 있기 때문에 더 이상 우리는 안전하지 않다고 생각하기 시작했다. 우리가 두려움에 살기 시작하면 우리는 정상적으로 행동하지 못하고 우리의 끝없는 걱정으로 우리는 형편없는 지도자들을 뽑게 되고 우리 삶에서 형편없는 결정들을 하게 만들지도 모른다.

Words & Phrases

- ### We began to feel that S+V …라고 느끼기 시작하다
  We began to feel that **he was crazy.** 우리는 걔가 제정신이 아니라고 느끼기 시작했어.

- ### Once S+V …하자마자
  Once **he saw me, he started to run away.** 걘 날 보자마자 달아나기 시작했어.

- ### act normally 정상적으로 행동하다
  If you act normally, **everything will be fine.** 네가 정상적으로 행동하면 만사가 괜찮아질거야.

Seoul is a very modern city. It has lots of new buildings and upscale shopping districts. It also has a very large population. That means the streets are crowded with cars, and traffic jams happen every day. It can be a nightmare, both when driving and when trying to find a parking space.

서울은 매우 현대적인 도시이다. 신축 건물들과 고급 쇼핑지역이 많이 있다. 인구 또한 엄청 많다. 그 얘기는 거리에 차들로 가득 찼다는 것이며 매일 차가 막힌다. 차를 주행하거나 주차공간을 찾으려고 할 때는 악몽이 될 수도 있다.

Words & Phrases

- **That means S+V** 그건 …라는 의미이다
  I guess that means we've got something in common.
  그게 의미하는 건 우리가 공통점이 있다는거야.

- **be crowded with~** …로 가득하다
  The store was crowded with bargain shoppers.
  가게는 세일품을 사려는 사람들로 가득찼어.

- **when trying to+V** …하려고 할 때
  Take your time when trying to select a new phone.
  새롭게 폰을 고를 때는 시간을 갖고 천천히 해.

When you visit Korea, you may see people wearing surgical masks on their faces. They are wearing them because they help filter dust, pollution, and germs. In many large cities, people take steps to make themselves healthier. These masks reduce illnesses because the people wearing them are breathing in cleaner air.

한국을 방문할 때 얼굴에 수술용 마스크를 착용하고 있는 것을 볼 수 있다. 그들은 그 마스크가 오염, 그리고 세균들을 걸러주는데 도움이 되기 때문에 착용한다. 많은 도시에서 사람들은 더 건강해지려고 여러 조치들을 취하고 있다. 이 마스크들을 착용한 사람들은 더 깨끗한 공기를 마시기 때문에 병에 덜 걸린다.

Words & Phrases

- **wearing surgical masks** 수술용 마스크를 착용하다
  Many subway riders were wearing surgical masks.
  지하철을 타고 있는 많은 사람들은 수술용 마스크를 쓰고 있었다.

- **take steps to+V** …하는 조치를 취하다
  I took steps to get a better job.
  난 더 나은 일자리를 찾기 위해 조치를 취했어.

- **breathe in** 숨을 들이 쉬다
  If you breathe in those chemicals, they'll make you sick.
  이 화학제품을 들이마시면 구토증상이 날거야.

K-pop is one of the most popular types of music around the world. It often blends various musical styles, and is performed by young people who do highly energetic dance moves on stage. Right now, BTS is the most popular K-pop group, and they hold the record for the best selling music album ever in Korea.

K팝은 전세계에서 가장 유명한 음악형태 중 하나이다. K팝은 종종 여러 다양한 음악스타일을 혼합하며, 무대에서 젊은이들이 가장 역동적인 춤동작을 하면서 공연된다. 현재, BTS가 가장 유명한 K팝 그룹이며 그들은 한국에서 가장 많은 앨범을 판매한 기록을 갖고 있다.

Words & Phrases

- **be one of the most~** 가장 …한 것 중의 하나이다
  He's one of the most respected Americans in the world.
  걔는 세상에서 가장 존경받는 미국인들 중 한 명이야.

- **do highly energetic dance moves on stage** 무대에서 역동적인 춤을 추다
  That singer is known for his highly energetic dance moves on stage.
  그 가수는 무대 위에서 역동적인 춤을 추는 것으로 유명하다.

- **hold the record for~** …에 대한 신기록을 갖고 있다
  He holds the record for completing the race in the fastest time.
  그는 가장 빠른 속도로 경주를 마쳐 신기록을 보유하고 있다.

Korean people traditionally wore a style of clothing called the hanbok. Hanboks are colorful and ornate. These days hanboks are mostly worn during special holidays and ceremonies. Visitors to some of the palaces within Korea are able to rent or borrow a hanbok, and have their picture taken in traditional Korean garb.

한국인들은 전통적으로 한복이라고 불리우는 스타일의 옷을 입었다. 한복은 칼라풀하며 화려하다. 요즘은 대부분 명절날이나 기념일에 한복을 입는다. 한국내 일부 궁을 방문하는 사람들은 한복을 빌릴수가 있고 전통적인 한국의 의상을 입고 사진을 찍을 수가 있다.

Words & Phrases

- **be worn during~** …한 때에 입다
  The uniforms are worn during official ceremonies.
  공식기념 행사에는 유니폼을 입는다.

- **Visitors to some of the~** …을 방문한 사람들은
  Visitors to some of the temples are studying Buddhism.
  일부 절들을 방문하는 사람들은 불교를 학습하는 사람들이다.

- **be able to+V** …할 수가 있다
  I wasn't able to find your gold necklace.
  난 네 금목걸이를 찾을 수 없었어.

The Korean peninsula has a very large population, but a relatively small amount of land. For that reason, many apartments have been built to house people. Some people feel there are too many apartments and it makes the skyline unattractive, but they provide homes for many.

한반도에는 너무 많은 사람들이 살고 있지만 상대적으로 땅은 부족한 상황이다. 그런 이유로, 많은 아파트가 사람들을 수용하기 위해 지어졌다. 일부 사람들은 아파트가 너무 많고 스카이라인을 형편없게 만들고 있다고 생각하지만 많은 사람들에게는 살 집을 제공해주고 있다.

Words & Phrases

- **have a very large population** 인구가 엄청 많다
  Asian cities have very large populations.
  아시아의 도시들은 인구가 엄청나다.

- **for that reason,** 그런 이유로,
  Each person must take the test for that reason.
  모든 사람은 그 때문에 테스트를 치러야 해.

- **provide homes for~** …에게 살 집을 제공하다
  The school agreed to provide homes for its professors.
  학교는 교수진에게 살 집을 제공하기로 합의했다.

The DMZ is the area that separates the two Koreas. The main area where there is contact between the two countries is Panmunjom. It was the scene of a summit with Kim Jong Un, where he became the first North Korean leader to enter South Korea. This is a place of great interest and many tourists visit it every year.

DMZ는 두 개의 한국을 나누는 지역이다. 두 나라가 접촉하는 주된 지역은 판문점이다. 그곳은 남한 땅을 밟은 최초의 북한 지도자가 된 김정은과의 정상회담이 열린 곳이었다. 이 곳은 지대한 관심이 있는 곳으로 많은 방문객들이 매년 이곳을 방문한다.

Words & Phrases

- **be the area that+V** …하는 지역이다
  This is the area that flooded last year.
  이 지역이 작년에 홍수가 난 곳이다.

- **become the first+N to+V** …하는 최초의 …가 되다
  She became the first woman to complete medical school.
  그녀는 의대를 졸업한 최초의 여성이 되었다.

- **visit+장소** …을 방문하다
  I went to visit the Louvre museum.
  루불 박물관을 방문하려고 갔어.

The currency used in South Korea is the won. The most common way to pay for something is with 1,000, 5,000 and 10,000 won notes. There is also a 50,000 won note, which was introduced in 2009. Each of these bills features the picture of a prominent person in Korea's history.

남한에서 사용되는 화폐단위는 원이다. 뭔가 지불하기 위해서 가장 많이 쓰이는 방법은 천원, 오천원, 그리고 만원짜리 지폐이다. 또한 2009년도에 도입된 오만원권 지폐도 있다. 각 지폐에는 한국 역사상 훌륭한 위인들의 사진이 들어 있다.

Words & Phrases

- **The most common way to+V is~** ···하는 가장 흔한 방법은 ···이다
  The most common way to study is in the library.
  학습하는 가장 흔한 방법은 도서관에서 하는 것이다.

- **pay for sth** ···에 대한 값을 치르다
  All I needed was the money to pay for the test.
  내가 필요로 했던 것은 단지 검사비였어.

- **feature sth** ···을 특징으로 하다, ···을 특징으로 담다
  The museum features several Picasso paintings.
  그 박물관엔 피카소의 작품들이 몇 점 전시되어 있다.

South Korea has produced many well known female golfers who tour with the LPGA. Female golfing gained a great deal of popularity after Park Se Ri won several major international tournaments in 1998, putting a spotlight on Korea. Since then, many successful female golfers have followed in her footsteps.

한국은 LPGA 투어를 하는 많은 유명 여성 골퍼들을 낳았다. 여성 골프는 박세리가 한국에서 스포트 라이트를 받았던 1998년도에 몇몇 메이저 대회에서 우승한 이후에 많은 인기를 끌었다. 그 이후로 많은 성공적인 여성 골퍼들이 박세리의 뒤를 밟고 있다.

Words & Phrases

- **gain a great deal of popularity** 많은 인기를 얻다
  The new diet gained a great deal of popularity.
  새로운 다이어트 방법이 아주 큰 성공을 거두었다.

- **put a spotlight on~** 조명을 받다
  The new disease put a spotlight on medical treatments.
  새로운 질병은 의학적 치료에 조명을 비추었다.

- **follow in one's footsteps** …의 뒤를 따르다
  My dad was a teacher and I followed in his footsteps.
  나의 아버지는 교사였고 나도 아버지의 뒤를 따랐다.

The city of Seoul is divided by the Han River, which runs through the center of it. As a result, there are many bridges within Seoul, and many picturesque views over the water. One particularly popular skyline view is near the Jamsil Bridge, which connects one portion of Seoul to the Lotte World Mall.

서울은 중심에서 흐르고 있는 한강에 의해서 두 지역으로 나뉜다. 그 결과, 서울에는 많은 다리들이 있으며 강 위에 많은 멋진 모습이 연출된다. 아주 특별하게 인기를 끄는 스카이라인은 강북지역과 롯데월드몰을 있는 잠실대교 근처에 있다.

Words & Phrases

- **be divided by~** …로 나뉘어져 있다
  The room was divided by several bookshelves.
  그 방은 몇 개의 책장으로 구분되어 있다.

- **skyline view** 스카이라인 전경
  The penthouse apartment has a skyline view.
  그 펜트하우스는 스카이라인 전경을 볼 수 있다.

- **connect A to B** A를 B에 연결시키다
  This road connects our town to the next town.
  이 도로는 우리 마을과 옆 마을을 연결시켜준다.

It has become trendy to cut down on pollution and greenhouse gas emissions. As a result, Seoul has been working to become a green city. One of the steps it has taken was to introduce a citywide bike rental system, for those who want an alternative to driving and riding mass transit.

환경오염과 온실가스배출을 줄이는 것이 유행처럼 되었다. 그 결과, 서울은 녹색도시가 되기 위해 노력해왔다. 그 대책들 중의 하나는 도시 전역에 자전거 대여 시스템을 도입한 것이었다. 차를 몰거나 대량운송수단을 타는 대신에 다른 대체이동수단을 원하는 사람들을 위해서 말이다.

Words & Phrases

- ### It has become trendy to+V …하는 것이 유행이 되었다
  It has become trendy to post selfies.
  셀카를 올리는 것이 유행이 되었다.

- ### work to+V …하려고 노력하다
  Arnold worked to get good grades in his classes.
  아놀드는 수업에서 좋은 성적으로 받으려고 노력했어.

- ### want an alternative to~ …와 다른 대체수단을 원하다
  Many of us want an alternative to unhealthy fast food.
  우리들 대다수는 건강에 안좋은 패스트푸드의 대체품을 원해.

The center of South Korea's political system is at The Blue House. The Blue House is the official office and residence of the nation's president. It was built on the site of the royal garden of the Josean Dynasty. The current Blue House was constructed in 1991, but the grounds have been considered auspicious and have been used by Korean royalty and high government officials for well over a thousand years.

한국 정치계의 중심은 청와대에 있다. 청와대는 대통령이 거주하면서 집무하는 곳이다. 이는 조선왕조의 왕실정원자리에 세워졌다. 현재의 청와대는 1991년에 세워졌지만 지대는 상서로운 곳으로 생각되며 천년 넘게 한국의 왕족들과 고위관료들이 사용하는 곳이었다.

Words & Phrases

- **It was built on the site of~** …의 자리에 세워졌다
  The temple was built on the site of an old church. 그 사원은 오래된 교회자리에 세워졌다.

- **be considered auspicious** 상서롭다고 생각되다
  It was considered auspicious to be born under a full moon.
  보름달에 태어나는 것은 상서롭다고 생각된다.

- **high government officials** 고위관료들
  High government officials have many security guards.
  고위관료들에게는 많은 경호원들이 있다.

In Korea, there are two New Year's Days that are celebrated. One, on January 1st, is noted on the solar calendar. The other, which is on the lunar calendar, is celebrated a little later, and is called Sul-nal. This is a very important 3 day holiday, during which most people travel back to their hometowns to pay homage to their parents and ancestors.

한국에는 새해를 두 번 기념한다. 하나는 양력 1월 1일이고 다른 날은 좀 늦게 음력으로 기념되며 설날이라고 불리운다. 이는 매우 중요한 3일간의 휴일로 부모님과 조상님에게 인사드리기 위해 대부분의 사람들이 귀성한다.

Words & Phrases

- **be celebrated** 기념되다
  Christmas is celebrated on the 25th of December.
  성탄절은 12월 25일에 기념된다.

- **travel back to~** …로 돌아가다
  I'd like to travel back to the university I graduated from.
  난 졸업한 대학으로 다시 돌아가고 싶어.

- **pay homage to~** …에게 인사드리다
  Memorial Day pays homage to soldiers who died during wars.
  현충일은 전쟁 중에 전사한 병사들을 기리는 날이다.

Korea produces some of the most popular cell phones in the world, specifically those made by Samsung and LG. The cell phone networks in Korea are advanced, and many of the people who are under 40 have grown up using mobile phones. Everywhere you go on the Korean peninsula, you will see people talking and texting on these devices.

한국은 전세계에서 가장 인기있는 핸드폰 몇몇을 생산하고 있다. 특히 삼성과 LG가 만든 핸드폰이 유명하다. 한국의 핸드폰 통신망은 아주 발달되어 있으며 40세 이하의 사람들 대부분은 핸드폰을 이용하며 자랐다. 한국의 어디를 가나, 핸드폰으로 얘기하거나 문자를 보내는 사람들을 볼 수 있을 것이다.

Words & Phrases

- **some of the most~** 가장 …한 것의 일부
  Some of the most advanced computers are kept in this lab.
  가장 최신 컴퓨터들 일부가 이 연구실에 보관되어 있다.

- **be advanced** 발전하다
  The training of the new medical students is advanced.
  신입 의대생들의 훈련은 고급 단계이다.

- **grow up ~ing** …하면서 자라다
  I grew up working on a farm. 난 농장에서 일하면서 성장했어.

It's easy to get distracted while texting or chatting with someone
else on a phone. As a result, there are many accidents related to
a distracted person walking out into traffic. It's important to pay
attention to the cars and crosswalks in Korean cities, in order to
have a safe visit.

핸드폰으로 다른 사람과 문자를 보내거나 얘기를 나눌 때는 집중력을 쉽게 잃게 된다. 그 결과, 집중
력을 잃고 차도로 걸어가는 사람과 관련된 사고가 많이 일어난다. 한국의 도시에서 안전한 방문을 하
기 위해서는 자동차와 교차로에 주의를 기울이는 것이 중요하다.

Words & Phrases

- **It's easy to+V** …하기 쉽다
  It is easy to see why everyone likes the new guy.
  그 신입사원을 모두가 좋아하는 이유는 뻔해.

- **get distracted** 집중력을 잃다
  I was going to ask a question, but I got distracted.
  난 질문을 할 생각이었지만 집중력을 잃었어.

- **pay attention to~** 주의를 기울이다
  Did you pay attention to what happened?
  무슨 일인지 신경썼어?

There is a large statue of King Sejong located in Kwanghwamun Square in Seoul. King Sejong was the fourth king of the Joseon Dynasty, and he ruled for several decades in the 1400s. He was one of Korea's most important kings because he invented the Korean alphabet and encouraged advancements in science and technology during his reign.

서울의 광화문 광장에는 세종대왕의 큰 상이 위치해있다. 세종대왕은 조선왕조 4번째 왕으로 1400년대 몇십년간을 통치했다. 세종대왕은 통치기간동안 한글을 발명하고 과학기술의 발전을 독려하여 가장 중요한 왕 중의 한 명이 되었다.

Words & Phrases

- **There is~ located in~** ···에 위치한 ···가 있다
  There is a museum located in the center of the city.
  도시 중심에 박물관이 위치해 있어.

- **rule for~** ···동안 통치하다
  The king ruled for forty years before he died. 왕은 죽기까지 40년동안 통치했어.

- **invent the Korean alphabet** 한글을 발명하다
  King Sejong was the man who invented the Korean alphabet.
  세종대왕은 한글을 발명한 왕이야.

It is common to see people on scooters, making deliveries in Korea. This is an efficient way to get something delivered because they can cut between cars and are not held up by traffic jams. Some people complain that they drive too recklessly though. Every year a number of them are killed in traffic accidents.

한국에서는 스쿠터를 타고 배달하는 사람들을 흔히 볼 수 있다. 그들은 자동차들을 앞지르고 차가 막힘에도 이리저리 갈 수가 있어서 뭔가 배달시켜 먹을 때 가장 효율적인 방법이다. 하지만 일부 사람들은 그들이 너무 운전을 막 한다고 불평한다. 매년 그들 중 많은 사람들이 교통사고로 사망한다.

Words & Phrases

- **It is common to+V** ···하는 것은 흔하다
  It is common to meet people from other countries.
  다른 나라 사람들을 만나는 것은 흔한 일이야.

- **get something delivered** 뭔가를 배달시키다
  You can get your groceries delivered to your house.
  식료품들을 집으로 배달시킬 수 있어.

- **be held up by traffic jams** 차가 막혀 꼼짝달싹 못하다
  Sorry to be late, but we were held up by a traffic jam.
  늦어서 미안하지만 차가 막혀서 꼼짝못했어.

Korean food has many side dishes, in addition to its main course. These side dishes are set in the middle of the table so that they can be shared by everyone. It is also common to drink alcohol when eating, often either beer or so-ju. Korean people like to toast one another when drinking by saying "Gun Bae!" or "Wehayo!"

한국의 음식은 메인 요리에 더하여 곁들인 반찬이 많이 있다. 이 반찬류는 식탁의 가운데 셋팅되어서 모두가 공유할 수 있다. 또한 식사 때 종종 맥주나 소주 등의 술을 마시는 게 흔한 일이다. 한국사람들은 술을 마실 때 "건배!" 혹은 "위하여"라고 말하면서 잔을 부딪히는 것을 좋아한다.

Words & Phrases

- **in addition to~** …에 더하여
  He's sick, in addition to being tired.
  걘 피곤할 뿐만 아니라 아파.

- **be shared by~** …가 공유하다
  The computer was shared by several office workers.
  그 컴퓨터는 몇몇 사무실 직원들이 공유했어.

- **drink alcohol** 술을 마시다
  I didn't drink any alcohol in the past six months.
  난 지난 6개월간 술을 한모금도 안마셨어.

One of the most popular meat dishes in Korea is bulgogi. Bulgogi is tender meat that has been marinated for a long time in a garlic and soy sauce, and cut into strips. In many restaurants, the bulgogi is cooked right at the diner's table and it is eaten wrapped with rice in a lettuce leaf.

한국에서 가장 유명한 고기요리 중 하나는 불고기이다. 불고기는 오랫동안 마늘과 간장양념으로 재워 둔 여러 조각으로 조각난 연한 고기이다. 많은 식당에서 불고기는 저녁식탁에서 바로 구워지며 사람들은 상추잎 안에 밥과 고기를 넣어서 먹는다.

Words & Phrases

- **cut into strips** 여러 조각을 내다
  The old clothes were cut into strips to use as rags.
  낡은 옷들은 여러 조각을 내서 걸레로 사용했어.

- **be cooked** 구워지다
  The pasta was cooked right in my kitchen.
  파스타가 내 부엌에서 요리되고 있었어.

- **be wrapped with~** …로 싸져 있다
  The meat was wrapped with pieces of cabbage.
  고기는 양배추 조각들로 둘러져 있었어.

Bibimbap is a popular Korean dish. It is healthy because it contains various vegetables, rice, and a spicy pepper sauce. It is mixed together before eating to blend these unique flavors and textures. Bibimbap is served both in a normal bowl and in a hot stone bowl, where it cooks even after being served. This is called dolsut Bibimbap.

비빔밥은 인기 있는 한국 음식의 하나이다. 다양한 야채와 밥 그리고 매운 고추장이 들어있기 때문에 건강식이다. 독특한 맛과 질감을 합치기 위해서 먹기 전에 함께 비빈다. 비빔밥은 평범한 그릇이나 혹은 뜨거운 돌그릇으로 나오는데, 돌그릇으로 나오는 것은 서빙된 후에도 계속 데워진다. 이는 돌솥 비빔밥이라고 불린다.

Words & Phrases

- **It's healthy because S+V** …때문에 건강에 좋다
  It's healthy because it has vitamins and minerals.
  비타민과 미네랄이 포함되어 있어 건강에 좋아.

- **be mixed together** 함께 비벼지다
  The ingredients for the cake were mixed together.
  케익을 만들기 위해 재료들이 함께 섞였다.

- **be served in~** …로 서빙되다, …로 음식이 나오다
  Chocolate ice cream was served in glass bowls.
  초콜릿 아이스 크림은 유리잔에 나온다.

Samgyetang is a special type of chicken stew. It consists of a whole chicken, stuffed with rice, ginseng root, and various herbs. Many people eat this to improve their overall health. Ginseng root, in particular, is a tasty part of a plant that is known to increase a person's blood flow and improve the body's circulation.

삼계탕은 특별한 종류의 닭스튜이다. 삼계탕에는 쌀로 채워진 닭, 인삼뿌리, 그리고 다양한 약초가 들어있다. 많은 사람들은 전반적으로 건강을 위해서 이걸 먹는다. 특히 인삼뿌리는 사람의 혈액흐름을 증가시켜서 혈액순환을 나아지게 하는 것으로 알려진 식물의 맛있는 부분이다.

Words & Phrases

- **It consists of~** 그것은 …로 구성되어 있다
  It consists of three bedrooms, a living room, a kitchen and bathroom.
  그것은 침실 3개, 거실, 부엌 그리고 화장실 등으로 구성되어 있다.

- **eat this to+V** …하기 위해서 이걸 먹다
  People eat this to assist their digestion.
  사람들은 소화를 돕기 위해 이것을 먹는다.

- **be known to+V** …하는 것으로 알려지다
  It was known to cause cancer.
  그것은 암을 유발하는 것으로 알려져 있었다.

People who like to eat noodles often like the taste of naengmyeon. This is a dish made of iced broth and handmade buckwheat and potato noodles. Traditionally, the noodles are served in a stainless steel bowl and are eaten without being cut. The origins of this dish go back to the Joseon Dynasty.

면 먹기를 좋아하는 사람들은 종종 냉면 맛을 좋아한다. 냉면은 얼음이 들어간 국물과 손으로 만든 메밀과 감자 면으로 만든 음식이다. 전통적으로 이 냉면은 스테인레스 그릇에 넣어서 나오며 자르지 않고 먹는다. 이 음식의 시작은 조선왕조로까지 거슬러 올라간다.

Words & Phrases

- **This is a dish made of~** ···로 만들어진 음식이다
  This is a dish made of rice, tuna, and cheese.
  이 음식은 밥, 참치 그리고 치즈로 만들어진 요리이다.

- **without ~ing** ···하지 않고
  How could you do this without telling me?
  어쩜 내게 말도 없이 그럴 수 있어?

- **go back to~** ···로까지 거슬러 올라가다
  Our relations go back at least 20 years.
  우리들 관계는 20년으로 거슬러 올라가.

Kimbap is one of the most popular foods in Korea. It is simple and cheap, but it is also healthy and tastes good. It is made using a seaweed outer wrap, rice, and various ingredients like vegetables, meat and fish. It is rolled into a long tube-like shape and cut into circular slices that are ready to eat.

김밥은 한국에서 가장 인기있는 음식 중 하나이다. 단순하고 저렴하지만 건강에도 좋고 맛도 좋다. 김밥은 겉을 싸는 김, 밥, 그리고 야채, 고기, 그리고 생선 등과 같은 다양한 성분으로 만들어진다. 김밥은 긴 원형모양으로 말아지며 먹기 좋게 둥근 조각으로 썰어진다.

Words & Phrases

- **taste good** 맛이 좋다
  Does it not taste good? Let me try it.
  맛없어? 내가 먹어볼게.

- **It's made using~** …을 이용해서 만들다
  It's made using tomatoes, lettuce and carrots.
  그것은 토마토, 상추와 당근으로 만들어진다.

- **like sth** …와 같은
  We usually do something on Saturdays, like watching movies.
  우리는 영화를 보는 것처럼 주말마다 보통 뭔가를 한다.

Minsok Village is located in the city of Yongin. Here tourists can experience the traditional culture of Korea. The village is a replica of villages that existed during the late Joseon Dynasty. There are over 260 traditional houses on display, and it is host to various events like the reenactment of Korean wedding ceremonies from long ago.

민속촌은 용인시에 위치해 있다. 여기서 여행객들은 한국의 전통문화를 경험할 수 있다. 민속촌은 조선후기에 실존했던 마을들을 재현해놓은 것이다. 260여채 이상의 가구가 전시되어 있으며, 오래 전의 한국 전통 결혼식의 재현과 같은 다양한 행사를 주관하고 있다.

Words & Phrases

- **be located in~** …에 위치해 있다
  The president's residence is located in the capital city.
  대통령의 거주지는 수도에 위치해 있다.

- **experience sth** …을 경험하다
  We experienced problems using the hotel's wi-fi.
  호텔의 와이파이를 쓰는데 문제를 겪었다.

- **It is host to~** …을 주관하다
  It is host to several international festivals.
  그것은 몇몇 국제적인 축제들을 주관한다.

SECTION

03-45

A unique tourist attraction in Seoul is Namdaemun, a market that is open all night long. It is located where the old south gate of the city used to stand. It's a place where there are a wide variety of things available, from clothing, to household goods, to traditional foods. There's something for everyone, and you don't need to worry about closing time.

서울의 독특한 여행지로는 남대문이 있다. 밤새 여는 시장이다. 예전에 도시의 남쪽 문으로 세워져 있던 곳에 위치해 있다. 의류에서부터, 가재도구, 그리고 전통 음식까지 다양한 물건들을 구할 수 있는 곳이다. 특별한 뭔가가 있으며 마감시간을 걱정할 필요도 없다.

Words & Phrases

- **used to+V** 과거에 …했었다
  He used to tell me how beautiful I looked to him.
  걘 내가 자기에게 얼마나 아름답게 보이는지 말해주곤 했어.

- **It's a place where S+V** …한 곳이다
  It is a place where children will be able to play.
  아이들이 놀 수 있는 곳이야.

- **don't need to+V** …할 필요가 없다
  I don't need to know the details. 자세한 건 알 필요없어.

412 네이티브는 이렇게 말한다

In Korea, families commemorate and show respect for their ancestors by holding a charye, a memorial service for the dead. This is done during the New Year's holiday of Sul-nal. Typically people visit the tombs of their ancestors to make sure they are being maintained, to make an offering of special foods, and to bow deeply toward the tomb as a sign of respect.

한국에서 가족들은 죽은 사람들을 위한 추도식인 차례를 지냄으로써 조상을 기념하고 받든다. 이는 새해인 설날에 행해진다. 일반적으로 사람들은 조상의 묘소에 가서 잘 관리되는지 확인하며, 제사음식을 드리고 또한 존중의 표시로 묘소에 큰 절을 한다.

Words & Phrases

- **show respect for~** …을 받들다
  Attending the ceremony was a way to show respect for the ambassador.
  기념식에 참석하는 것은 대사에 대한 존경심을 보여주는 방식이다.

- **hold a charye** 차례를 지내다
  The family held a charye for their deceased ancestors.
  그 가족은 조상님들을 위한 차례를 지냈다.

- **visit the tombs** 묘소에 가다, 성묘가다
  We plan to visit the tombs of kings from long ago. 예전 왕들 무덤을 방문할 계획이야.

One of the most prominent landmarks in Korea is Seoul Tower. It is located on Namsan Mountain, in the center of Seoul. It was built in 1971, and stands 236 meters high. In addition to housing tourist facilities and restaurants, it also holds the transmission antennas for many of the nation's TV and radio stations.

한국에서 가장 유명한 랜드마크 중의 하나는 서울타워이다. 서울의 중심인 남산에 위치해 있다. 1971년 세워졌으며 높이는 236미터이다. 관광시설과 식당이 있을 뿐만 아니라 많은 TV나 라디오 방송국의 수신안테나도 있다.

Words & Phrases

- **It was built in~** …에 세워졌다
  This house was built in 2007.
  이 집은 2007년에 세워졌어.

- **stand +number+ meters high** 높이가 …이다
  The monument stands 173 meters high.
  기 기념물은 높이가 173미터야.

- **house sth** …을 수용하다, …가 있다
  That building houses the company's headquarters.
  그 빌딩에는 회사의 본사가 자리잡고 있어.

Korea has many holidays, and one of the biggest is Chusok. This is a three day harvest festival, celebrated every year around August 15th. **It's a time when** many Koreans **return to their hometowns** and eat traditional foods, like rice cakes. They also **take time to** visit the tombs of their ancestors to perform ceremonies to show their respect.

한국에는 많은 휴일이 있는데 가장 긴 휴일 중의 하나는 추석이다. 이는 매년 음력으로 8월 15일 경 기념되는 3일간의 추수감사제이다. 이 때는 많은 한국인들은 고향으로 가서 떡과 같은 전통 음식을 먹는다. 또한 시간을 내서 조상묘소에 가서 의식을 행하며 조상을 존중한다.

Words & Phrases

- **It's a time when S+V** …하는 때이다
  It's a time when temperatures drop.
  기온이 내려가는 때이다.

- **return to one's hometowns** 고향으로 내려가다
  I returned to my hometown to visit my family.
  난 고향으로 내려가서 가족을 만났어.

- **take time to+V** 시간을 내서 …하다
  We took time to thank everyone who had helped us.
  우리는 시간을 내서 우리를 도와준 모든 사람들에게 감사표시를 했어.